살림길,
오늘
이곳에서

노자 묵자 동학을 잇는 삶

살림꾼들 지음

밝은봄

싣는 순서

들어가며 008

1장 \ 통념을 넘어 뜻을 이루는 지혜와 슬기

— 깨어난 뜻을 구현하는 이행실천전략

013 지배적 통념을 넘어 새로운 삶으로 나아가는 슬기
019 깨어남과 깨어남의 지속
023 노자: 무위자연의 도와 덕으로 소국과민의 세상을 이루다
025 묵자: 겸애 공동체로 천하무인의 안생생 사회를 꿈꾸다
029 동학: 수심정기 하여 유무상자의 관계로 다시개벽을 도모하다
033 살림학: 생명살림 두레와 마을로 살림생태계를 일구다
038 수도자의 영성과 혁명가의 역사의식을 함께 품고

2장 \ 생명살림의 근본, 하늘땅살이

— 하늘 땅 사람 서로 살리는 생명살림 농(農) 운동

043 반생명문화와 생태계 파괴
045 하늘 땅 사람 온생명의 회복과 살림
048 생명살림의 뿌리: 노자, 묵자, 동학의 지혜
058 밝은누리 하늘땅살이 운동 연구
076 하늘땅살이 실천이 가능한 삶터, 마을
078 상생의 새 문명, 생명살림생태계

3장 \ 함께 사는 이들이 둘러앉는 사귐의 밥상

— 향아설위를 일상 관계에서 구현하는 마을밥상

083 생명을 살리는 밥, 하늘의 지혜
085 밥을 함께 나누어 먹는 사귐의 밥상
090 삶터에 뿌리내린 밥상살림 이야기
102 잇고 짓는 살림생태계의 든든한 뿌리, 마을밥상

4장 \ 마을, 새로운 경제의 터전을 빚다

— 살림경제의 지혜와 슬기를 잇는 실천

105 삶과 통합된 실천, 살림경제
106 일상을 지배하는 무한증식 자본주의
107 경제의 역사
109 살림경제의 원리와 질서 전환
112 역사 속 마을, 살림경제의 지혜를 잇다
118 살림경제의 현대적 실천: 밝은누리
133 마을, 새로운 질서의 터전

5장 \ 두레와 마을에서 피어나는 정치

— 깨어 있는 민의 자발성에 토대한 마을자치

137 정치, 삶의 문제를 함께 조율하는 실천
139 민의 주체성이 움트는 생활정치
141 생활정치의 뿌리를 묻다: 노자와 묵자, 동학
147 생활정치의 힘은 어디서 오는가
155 마을 넘어 살림생태계를 잇는 연대
157 살림터에서 피어나는 정치

6장 \ 대안세상 일구는 살림교육

— 지속가능성을 담보하는 마을·교육 생태계

161 교육의 자취 : 국가교육과 대안교육
163 밝은누리 교육운동
168 노자, 묵자, 동학에 담긴 살림교육 슬기
183 마을·교육 생태계 일구는 살림길
191 살림교육 새 갈피에 서서

7장 \ 생명평화, 지금 여기에서

— 나의 살림에서 시작되는 한반도·세계 평화

195 평화는 멀리 있지 않다
198 가부장제: 평화를 가로막는 뿌리
207 마을: 생명평화의 터전
215 농도상생 마을공동체: 분단을 넘어서는 토대
218 비무장 영세중립, 평화를 일구는 삶의 방식
227 생명평화, 여기서 시작하기

생명살림과 평화 일구는 살림학연구소

탈주와 생성: 지양의 흔적을 딛고 지향의 꽃밭으로

    장구를 배운다고 떠올려 보자. 이때 사람은 두 가지 경험을 동시에 한다. 장구를 놓는 위치, 손목의 자세, 채를 잡고 치는 방식 따위의 원리(原理)를 익히는 동시에, '궁'의 울림이 주는 몸의 감각, 장구통 안팎으로 느껴지는 공간감각 등의 기운(氣運)을 느낀다. 전자가 리(理)의 경험이라면, 후자는 기(氣)의 경험이다. 장구뿐 아니라 악기를 배운다고 할 때 많은 사람들이 그 원리(理)를 먼저 배우려고 한다. 악기를 연마하기 위한 진입로이기 때문이다. 그러나 기술을 익히고 나면 어느 순간부터는 그것을 잊을 수 있어야 한다. 어느 수준에 들어서서도 계속 형태화된 기술에 연연한다면, 연주의 아름다움과 깊음을 누릴 수 없다. 이렇듯 기와 리는 늘 함께 있지만, 그 뿌리는 언제나 기다. 리가 기를 관장하는 것은 방편적인 맥락에서 그렇다. 생명과 삶의 역동성은 기의 약동을 원천으로 한다.

    동북아 역사는 음과 양, 리와 기의 갈마듦 속에서 삶과 생성의 철학을 일구어 왔다. 삶의 모든 경험은 기와 리의 음양적 순환 속에서 새로운 현상을 잉태하고 양태로서 드러난다. 그러나 이러한 기와 리를 분리시키고 리를 기보다 우위에 두는 위계적 사고방식은, 서구의 역사가 그러했듯 착취와 지배의 문명을 낳았다. 형(形)에 우위를 두는 사고방식은 다질성과 역동성을 본질로 하는 생명을 획일화하고 제도적 틀로 규정하려는 지배욕망을 낳는다. 이는 결국 차별적인 사랑에 기반하는 집단이기심으로 이어져 집단적 부정부패를 낳고, 다른 생명현상과 집단에 대한 증오를 일상화시켜 폭력과 전쟁을 당연시하는 정신과 문화를 만든다.

동북아 사상과 문화는 유가 사상과 문화가 표층을 지배했지만, 그 심층에서는 노자의 문제의식과 깨달음이 주도해 왔다. 서양인들에게 동북아의 특이성으로 인식되는 것은 인, 예, 효, 충 등이 아니라 기, 도, 무위, 자연인 것이다. 노자 사상은 하늘 땅 생성변화의 기운이 사람에게도 동일하게 작용한다는 것을 깨닫고, 수행하는 삶 속에서 몸으로 체득하고 풀어낸 생명철학이었다. 형은 의도를 통해 만들어지지만, 기는 그 흐름을 알고 균형을 잡는 것이다. 그러면 스스로 중화작용이 일어나기에 자연을 거슬러 인위적으로 할 필요가 없다. 형은 계속해서 규모를 키우고 커지는 길로 가며 폭력을 낳는 경향이 있다. 그래서 노자는 하늘 땅 생성변화의 기운을 거스르지 않는 삶에 토대한 단순 소박한 삶을 강조하고, 나라를 작게 하고 백성을 적게 하는 소국과민을 사회적 실천전략으로 제시한다. 노자 사상을 뿌리로 차별 없는 사랑을 실천한 묵가는 삶과 철학이 괴리된 관념화된 지식인들의 허상을 꿰뚫어 보고 참된 이로움과 평화 일구는 길로 나아갔다. 겸애(兼愛)로 더불어 사는 삶 속에서 공통감각을 익히며 살림과 평화의 한몸살이(공동체) 철학을 생성했다. 일상에서 몸과 마음을 닦는 수신을 토대로 더불어 사는 삶을 생성하고 이를 통해 새로운 삶과 문명을 일구는 '살림길'은 동학운동으로 이어진다. 서로 살리는 밥으로 살고자 하는 뜻은 체제화된 형을 넘어 하늘 땅을 회복하는 실천으로 꽃피웠다. 뭇 생명에 깃든 질곡과 아픔의 기운 헤아리며, 시대의 어둠을 밝히는 기세를 본보였다.

노자, 묵자, 동학의 살림길을 이어 살림학은 '오늘 이곳'에서 창조적 생성의 역사를 잇고 짓는다. 생(生)은 태어나게 하고, 성(成)은 갈무리하며 새로운 생을 잉태한다. 생과 성은 끝없는 되먹임 속에서 새로움을 빚어낸다. 살림학은 음양, 생과 성, 기와 리의 갈마듦 속에서 저마다 고유한 생명들이 서로를 추동하며 생기 일으키는 살림생태계를 일군다. 새로운 문명을 일구는 길은 생명을 억압하는 일상화된 권력에서 탈주함으로 시작된다. 탈주의 명을 받고 탈주를 향해 발 내디딘 살림꾼들은 부지런히 새 길을 낸다. 그 길에 들어선 이들은 지양(탈주)의 흔적을 딛고 그곳을 온통 지향(생성)의 꽃밭으로 가꾼다. 여러 살림터에서 꽃밭 일구는 살림꾼들이 모여서 벌이는 한마당잔치 대동세상을 사는 신명잔치가 된다.

이 책은 노자에 뿌리내리고 묵자를 줄기로 동학을 가지로 삼아 오늘 이곳에서 살림길 걷는 삶의 이야기를 담았다. 살림길은 생명을 살리고 평화 일구는 삶이다. 일상에서 몸과 마음을 닦으며 더불어 사는 살림터를 생성하고, 이를 토대로 이 땅 곳곳의 살림터들과 어우러지는 살림생태계를 일구는 삶이다.

삼일학림과 공동체지도력훈련원 심화과정에서 몇 년간 '동북아철학'을 공부하면서 더불어 사는 살림꾼들의 삶을 돌아보고 해석한 글을 토대로 한다. 몸과 마음 닦는 수련하며 노자, 묵자, 동학, 살림학을 함께 공부했고, 그 철학을 밝은누리 삶의 사례와 연결 짓는 연구로 이어 갔다. 현재는 동의보감 공부로 동북아 철학이 우리 삶뿐 아니라 몸에까지 한 뿌리로 이어지는 통전적인 사상임을 다시 한번 되새기고 있다. 이러한 공부 흐름은 살림학연구소 살림꾼(연구원)들의 연구로 확장되어 이 책으로 열매 맺게 되었다. 1장에서는 노자, 묵자, 동학, 살림학이 한뜻으로 이어지는 살림길 운동임을 밝히고, 2장부터 7장까지는 하늘땅살이, 마을밥상, 경제, 정치, 교육, 평화를 주제로 앞선 살림길의 깨달음들이 오늘 이곳 우리 삶에서 실제로 꽃피운 사례들을 함께 정리했다.

    삶을 언어로 담아내는 과정에서 기의 접힘인 리의 단편성이 드러나는 한계가 어쩔 수 없이 생겨난다. 보이는 것으로는 보이지 않는 것을 다 담을 수 없음을 글로, 책으로 엮는 내내 절감했다. 그럼에도 이 책을 접하는 분들이 그 속에 스며 있는 삶의 역동성, 생명살림과 평화의 감각을 발견해 주시길 바라는 마음 간절하다. 살림꾼들 한마음으로, 눈으로는 볼 수 없는 삶의 기쁨과 고마움을 책으로 만나는 분들께 전한다. 그리고 살림생태계 짓는 길에 함께 걷는 길벗 되어 주시길 온 마음으로 초대한다.

2025년 가을, 살림학연구소 살림꾼들

1장

통념을 넘어 뜻을 이루는 지혜와 슬기

깨어난 뜻을 구현하는 이행실천전략

1. 지배적 통념을 넘어 새로운 삶으로 나아가는 슬기

"하늘 천, 따(땅) 지, 검을 현, 누를 황~" 누구나 한번쯤 불러 본 적 있는 《천자문》 노래다. 4자씩 이루어진 시구 250구절로 된 《천자문》에는 한 자도 같은 글자가 없다. 겹치는 글자가 없는 1,000자로 구성되어 있고, 당시 일상적으로 많이 쓰는 글자들이기도 해서 글을 익히는 교재로 많이 쓰였다. 이 《천자문》에 '묵비사염(墨悲絲染)'이라는 말이 나온다. 동북아 전국시대에 반전평화를 기치로 당시 민중들에게 압도적 지지를 받았던 묵자가 실이 물드는 것을 보고 슬퍼한다는 뜻이다. 이 내용은 《묵자》 소염 편에 자세히 나온다.

> "묵자가 실을 물들이는 것을 보고 탄식하며 말했다. 파란 물감을 물들이면 파래지고 노란 물감으로 물들이면 노래진다. 넣는 물감이 변하면 그 색깔도 변한다. 다섯 가지 물감을 넣으면 다섯 가지 색이 된다. 그러니 물들이는 것을 신중하게 하지 않을 수 없다. 유독 실을 물들이는 것만 그런 것이 아니고 나라도 물들여지는 것이니 신중해야 할 일이다."

묵자는 왜 실이 물드는 사태를 보고 슬퍼했을까? 실이 물든다는 것은 어떠한 힘에 영향을 받고 살아가는 우리 삶의 현실을 말한다. 그래서 물드는 사태는 어쩌면 자연스러운 일이라고 할 수 있다. 그런데 묵자가 물드는 사태를 슬퍼했다는 것은 물들이는 그것이 참 좋지 않았다는 것을 짐작해 볼 수 있다.

묵자는 전쟁이 끊이지 않는 현실에 대한 근원적 문제의식이 있었다. 백번 생각해도 전쟁은 승자와 패자 모두에게 참혹한 결과를 낳는데, 왜 전쟁이 늘 벌어지고 있는지를 물었다. 묵자는 끊임없는 전쟁을 민중을 물들인 결과라 보았다.[1] 전쟁은 많은 생명을 죽이고 무수한 재화를 파괴하는데, 많은 이들이 이를 장엄한 것으로 받아들인다. 한 사람을 죽이는 것은 죄악이지만, 전쟁으로 많은 사람을 죽이는 것은 상을 받고 칭송받아야 마땅한 일로 여기는 사태를 고찰한다.[2] 그래서 묵자는 전쟁에서 정치 전반으로, 그리고 사회의 문화와 인식 전체로 문제의식을 확장한다.

당시 널리 알려져 있던 공자의 인(仁)[3]은 더불어 사는 삶을 향한 가르침이었다. 하지만 유가에게 삶으로 드러나는 실재적 사태는 혈연의 가족과 연계된 집단이기심을 인지상정(人之常情)으로 당연하게 받아들이는

---

1 "전쟁은 민중을 물들여 시킨 것이며 의롭지 못한 것도 민중을 물들여 시킨 것이다." _《묵자》경설 하

2 "지금 작은 불의를 보고는 그것을 비난하다가 정작 남의 나라를 공격하는 더 큰 불의를 보고는 비난하기는커녕 도리어 칭송하고 좇으며 의로움이라고 말하고 있다. 이들이 정말 정의와 불의를 분별한다고 말할 수 있겠는가? 이것으로 볼 때 오늘날 천하의 군자들은 정의와 불의를 분별하지 못하고 혼란에 빠져 있음을 알 수 있다." _《묵자》비공 상

3 "번지가 '인(仁)은 어떤 것이냐'고 물었다. 공자는 '사람을 사랑하는 것이다'라고 대답하였다." _《논어》안연

모습이었다.[4] 인이 계층과 계급을 뛰어넘는 사랑(충서忠恕)[5]의 실천을 말하고는 있지만, 실상 가족, 곧 부모형제자매의 관계에서 실현되는 것(효제孝悌)[6] 이상으로 나아가지 못했다. 친족에 대한 사랑을 최우선으로 한다는 것은 모든 사랑이 똑같지 않다는 것을 의미한다. 묵자는 이러한 사태를 보며, 사랑의 차등이 발생하는 공자의 인은 결국 더불어 사는 삶을 훼방하는 것이라 보았고, 이를 또렷이 밝힌다. 생명을 사랑하는 것은 실제 더불어 살아가는 삶에서 길어 올려진 가르침이다. 함께 아이를 키우고, 뭇 생명을 돌보며, 더불어 살림터를 일구는 이들의 삶의 경험 속에서 비로소 사랑이 무엇인지 알게 된다. 이러한 삶 없이 사랑을 논하면, 아무리 좋은 가르침도 통념으로 남게 된다.

　가족은 사람이 맺는 일차적 관계다. 가족 관계에서 가장 먼저 사회화를 경험한다. 이 관계에서 사랑의 관계를 경험하는 것은 자연스럽다.

4　"섭공이 공자에게 말했다. '우리 마을에 올바른 사람이 있으니, 그의 아버지가 양을 훔치자 아들이 신고하였습니다.' 공자는 말했다. '우리 마을의 올바른 자는 이와 다릅니다. 아버지가 아들을 위하여 숨겨 주고 아들이 아버지를 위하여 숨겨 주니 올바름이 그 가운데 있습니다.'" _《논어》자로
　"도응이란 제자가 맹자에게 물었다. '순임금이 천자를 하고 고요가 재판관을 하는데, (만약) 고수(순임금의 아버지)가 살인을 했다면 어찌합니까?' 맹자가 대답한다. '그를 잡을 수밖에 없다.' '그럼 순임금이 그걸 금하지 않겠습니까?' 맹자가 다시 대답한다. '순임금이 어찌 그걸 금할 수 있겠는가? 그에게는 그것을 받아들여야 할 도리가 있다.' 또 도응이 묻는다. '그럼 순임금은 어찌해야 합니까?' 맹자가 대답한다. '순임금은 천하를 버리기를 마치 헌 짚신처럼 버리고, 몰래 (아버지 고수를) 업고 도망가서, 바닷가를 따라서 살면서 종신토록 기쁘게 즐기면서 천하를 잊을 것이다.'" _《맹자》진심 상

5　"공자가 '삼아! 내 도는 오직 하나의 원칙으로 일관해 왔다'고 말하자 증자는 '예' 하고 대답하였다. 공자가 밖으로 나가자 제자들이 증자에게 '무슨 뜻입니까?' 하고 물었다. '선생님께서는 충과 서를 인간의 근본으로 생각한다는 말씀이십니다.'" _《논어》이인

6　"인(仁)이라는 것은 사람다움이니 친족과 친하게 지내는 것을 크게 여긴다." _《중용》20장

그런데 사랑이라는 이름으로 이상한 일이 벌어지기도 한다. '가족이기주의'는 사회화된 이기심의 원형으로 다양한 모습의 '집단이기주의'의 뿌리다. 가족이기주의는 낱생명의 이기심이 사회화된 것으로서 더불어 사는 삶을 왜곡 좌절시키는 주요 원인이다. 자기 가족이라고 특혜를 주고, 가족을 위해 다른 사람을 불공정하게 대하는 일을 아무렇지 않게 느낀다. 개체성에 기반해 작동하는 이기적 욕망이 사회화되면서 마치 당연한 인지상정처럼 여겨지기 때문에 사회적 기만의 뿌리가 된다. 이로 인해 다양한 사회적 갈등을 모호하게 만들고 해결할 수 없는 미궁에 빠뜨린다. 이렇게 가족이기주의에서 확장한 집단이기주의는 집단과 타자를 위해 개인의 이기심을 버리는 듯한 특징을 지닌다. 나아가 집단과 타자를 위한 사랑과 헌신이라는 성격도 있기에, 자기를 객관화하기 어렵다. 그래서 집단이기주의는 스스로 일으키는 문제를 문제라고 생각하기 매우 어렵다. 이러한 집단이기주의는 국가이기주의로 확장되어 더욱 뚜렷해진다. 중세시대 교회권력이 일으킨 종교전쟁과 무자비한 마녀재판, 20세기 인류를 전쟁의 비극으로 몰고 간 제국주의 폭력과 나치즘, 지금도 이어지는 거침없는 폭력과 전쟁은 모두 집단이기심을 동력으로 벌어진다. '사랑으로 헌신'한 이타적(도덕적) 개인들이 모여 무자비하고 폭력적인 비도덕적 사회를 만든다.[7]

공자는 《대학》에서 큰 공부의 길 이루는 세 가지 강령을 제시한다. '명명덕 친민 지어지선(明明德 親民 止於至善 : 밝은 덕을 밝히고, 백성과 친하며, 지극한 선을 이룬다)'이라는 이 강령을 이루는 실천전략이 《대학》의 8조목인 '격물치지 성의정심 수신제가 치국평천하(格物致知 誠意正心 修身齊家

---

[7] 철호, 《살림학 얼과 길》(밝은봄, 2024), 88~90쪽

治國平天下'이다. 유가가 사물과 마음, 마음과 몸, 하늘 땅으로 이어지는 앎의 과정을 일관되게 생각한 매우 중요한 지혜다. 그런데 여기서 주목할 점은 가족(家)에서 국(國)[8]으로 바로 넘어간다는 것이다. 이 세계관에는 마을(鄕)[9]이 없다. 가족(이기)주의를 넘어서는 관계의 장인 마을이 없으면, 가족(이기)주의와 국가(이기)주의 문제를 극복하는 것은 불가능하다. 이러한 한계로 인해 유가는 역사에서 가부장문화와 국가통치철학의 상징이 된다. 또 다른 중요한 문제는 국(國)을 물(物), 심(心), 신(身), 가(家), 천하(天下) 등 자연스럽게 존재하는 어떤 것으로 다룬다는 점이다. 인류 역사에 국(國)은 자연스럽게 생긴 것이 아니라 과도한 인위(人爲)와 강제, 그로 말미암은 폭력의 산물이다. 이러한 과도한 인위와 강제는 하늘 땅 온생명 더불어 사는 삶을 훼손하고 거짓과 갈등, 폭력과 전쟁을 일으키는 근본 원인이다. 국(國)에 가족(家)을 붙여 쓰는 것은 가부장문화 국가통치철학(군사부일체君師父一體)에 기반한 것이다. 과도한 인위와 강제의 산물인 국(國)을 생명살림의 자연스러운 가족(家)과 동일시하여, 국가(國家)와 국(國)은 같은 의미가 된다. 이를 통해 과도한 인위와 강제에 기반한 국(國)이 가족(家)처럼 자연스러운 것이라는 착각

---

8 "나라를 뜻하는 글자로 방(邦)과 국(國)이 함께 쓰였다. 현재 발굴된 것 중 동북아 글자의 원형이라 여겨지는 가장 오래된 글자인 갑골문에서 방(邦)은 밭 위에 작물이 자라는 모습으로 그려져 있다. 밭이라는 생명살림터를 중심으로 나라를 생각한 것이다. 국(國)은 의심되는 사태를 대비해(혹惑) 성벽(口)을 쌓은 모습이다. 혹(惑)은 창(戈)을 들고 성(口)을 지키는 마음(心)이다. 과도한 인위와 강제, 권력작용과 전쟁을 중심으로 나라를 생각한 것이다." _앞의 책, 93~94쪽

9 "나라를 떠올리는 이러한 이중성은 마을을 뜻하는 향(鄕)과 읍(邑)이라는 글자에도 동일하게 나타난다. 갑골문에서 향(鄕)은 밥상을 함께 나누며 앉아 있는 모습으로 그려져 있다. 읍(邑)은 성(口) 아래에 사람이 무릎을 꿇고 있는 모습이다. 나라와 마찬가지로 마을 또한 살림터와 권력체제라는 이중적 의미를 갖는다." _앞의 책, 94쪽

이 커진다.[10]

묵자는 더불어 함께 평화 이루며 살다 보니, 다른 사람과 그 가족을 내 몸과 내 가족처럼 사랑하는 실천이 참으로 중요하다는 것을 느낀다. 인에 대한 묵자의 문제의식은 더불어 사는 삶의 실천으로부터 말미암은 것이다. 이러한 삶의 깨달음이 '천하에 남이 없다(천하무인天下無人)'와 '차별 없이 두루 사랑하라(겸애兼愛)'라는 가르침을 낳았다. 유가는 혈연관계 속에서 변질된 차별하는 사랑(별애別愛)이 집단이기주의와 그로 말미암은 국가의 부정부패와 전쟁의 주요한 원인이 됨을 전혀 깨닫지 못했다. 도리어 철저하게 사랑과 평화를 실천하는 묵자를 향해 아비 없는 놈이라고 비난하고 융통성이 없다고 비아냥댔다. 이는 사랑을 실천하는 삶을 몸소 살지 않고, 책상머리에서만 설파한 까닭이다. 실제로 공자를 비롯한 상당수 제자들이 관직 진출에 관심이 많았다.

부정부패, 패권경쟁, 전쟁폭력을 비판하면서 그 뿌리인 가족이기주의를 당연한 것으로 여기는 것은 결국 그 문제들을 극복할 방안이 없다는 것이다. 흰 것과 검은 것을 각각 말하지만, 실제 삶에 섞여 있으면 구별할 줄 모르는 상태다.[11] 그래서 유가는 역사 속에서 쉽게 국가 지배이

---

10 앞의 책, 95~96쪽

11 "지금 장님이 말하기를 은(銀)은 흰색이라고 말하고 검은 재는 검은색이라고 말했다면 아무리 눈 밝은 사람이라도 그 말을 바꿀 수는 없다. 그러나 흰 것과 검은 것을 함께 섞어 놓고 장님에게 골라내라 한다면 장님은 알지 못할 것이다. 그러므로 내가 장님은 검고 흰 것을 모른다고 한 것은 그 명칭이 아니고 그 선택을 말한 것이다. 오늘날 천하 군자들이 말하는 인(仁)이라는 명칭은 우임금과 탕임금도 그것을 바꿀 수 없을 것이다. 그러나 어짊과 어질지 못한 것을 함께 섞어 놓고 그것을 천하 군자들로 하여금 분별하여 선택하라 하면 알지 못할 것이다. 그러므로 천하의 군자들이 어짊을 모른다고 말한 것은 그것의 명칭을 말하는 것이 아니고 선택을 말하는 것이다." _《묵자》 귀의

데올로기로 전락한다. 유가에는 패권경쟁과 전쟁의 주체이자 사회화된 이기심의 총화인 국가 자체에 대한 문제의식이 없다.

묵자는 이렇게 그 시대의 지배적 통념에 물들어 살아가는 사람들의 모습을 보며 슬퍼했다. 그렇게 물든 사람들이 모인 나라 또한 그 통념이 만들어 낸 힘의 지배를 받으며 살아간다. 묵자는 통념에 쉽게 물드는 사태에 대해 "반드시 가려서 적시고 반드시 삼가서 적시자"고 한다. 그리고 "진실로 도리를 행하는 가운데, 행실과 도리와 성품을 물들이자"고 한다. 지배적 통념을 알아차리고 이로부터 벗어나 새로운 삶의 길을 연 사람들이 물들여 갈 세상을 향한 뜻을 세우고 그렇게 살았다.

2. 깨어남과 깨어남의 지속

사람은 뜻[12]을 세우고 그 뜻을 이루는 실천을 하며 산다. 누구나 뜻을 세우고 사는 건 아니라고 반문할 수도 있겠지만, 뜻을 세운다는 건 매우 일상적인 사건이다. '돈을 벌어야겠다', '공부를 해야겠다', '이사를 해야겠다', '혼인을 해야겠다' 등 이러한 결심이 뜻을 세우는 사건이다. 다른 한편으로는 스스로 뜻을 세우기도 하지만, 다른 이가 세운 뜻에 의해 살아가기도 한다. 어떤 회사에서 일을 한다는 건, 누군가 뜻을 세워 만든 공간과 관계 속에서 함께하는 것이다. 그래서 사람은 뜻과 깊이 관련되어 산다. 세운 뜻을 이루는 실천은 주어진 현실을 바꾼다.

---

12 뜻은 '뜨다'라는 말과 관련이 있다. 온갖 것이 얽히고설켜 있는 마음속에서 어느 순간 떠오른 마음이 '뜻'이다. 무엇을 하겠다고 떠오른 마음 자체도 중요하지만, 이것이 자신 또는 다른 사람들에게 영향을 미칠 수 있기에 더욱 중요해진다.

'깨어남'은 뜻을 세우는 과정에서 생명이 생명답게 살지 못하는 현실을 자각하고, 생명답게 사는 삶이 무엇인지 궁리하고 실천하는 것이다. 이 깨어남은 다양한 계기로 일어날 수 있다. 우연한 사건으로도 일어난다. 일례로, 해마다 맞이했던 여름 무더위가 어느 해에 남다르게 다가와 지구생태계 위기를 주목하여 자기 삶을 바꾼다. 그래서 깨어나는 사건은 누구에게나 찾아올 수 있다.

이렇게 누구에게나 찾아올 수 있는 깨어남의 사건은 변화를 모색하고 전망한다. 그런데 왜 현실은 그대로인 듯하고 주어진 대로 살아가고 있는 것 같을까? 뜻을 이루는 데는 정성이 있어야 한다. 하지만 이것만으로는 뜻을 이룰 수 없다. 특히, 당면한 문제가 근본에서부터 해결해야 하는 것은 더더욱 그러하다. 마주한 현실 문제는 여러 가지 원인이 얽히고설킨 결과다. 그래서 당장에 보이는 문제를 해결하려고 하면, 다시 비슷한 문제가 발생한다. 그래서 근본적인 접근이 필요하다. 그런데 근본에서부터 바꾸려는 뜻은 크고 이상적으로 다가온다. 당장에 보이지 않기 때문이다. 그래서 그 뜻을 세우려다 그만둔다. 참 좋고 필요한데 현실적이지 못하다는 이야기를 주변에서 들으며 중도에 그치는 경우도 많다.

기존 삶에 대한 문제의식으로 세운 깨어난 뜻은 곧바로 새로운 삶을 담보하지 않는다. 엄밀하게 생각하면, 깨어남은 무언가를 막 시작한 것이다. 기존 삶의 질서로부터 막 벗어난 것이다. 지배와 억압이 강할수록 그로부터 벗어나는 뜻을 모색한다는 자체가 엄청난 특이점이다. 새 길을 향한 첫걸음을 내딛는 사태는 짜릿하다. 동시에 가보지 않았기에 길을 잃어 방황할 수 있다. 기존의 강력한 억압과 지배의 힘에 유혹을 받아 돌아서거나 체념할 수 있다. 현실의 억압과 지배의 강력한 힘은 그 특이점을 쉽사리 없애 버릴 수 있다. 그래서 갓 깨어나 막 내디딘 걸음은 변화된 삶과 일관된 실천을 보장하지 않는다.

이 지점에서 깨어남과 더불어 '깨어남의 지속'이 중요하다. 즉, 깨어난 뜻을 지속하는 슬기(이행실천전략)가 중요하다. 두 가지 슬기를 꼽을 수 있는데, 하나는 일상에서 주체의 자각을 이루는 '공부와 수행/수련'이고, 다른 하나는 공부와 수행/수련을 함께하는 '서로 돕고 비춰주는 관계'이다. 깨어남을 지속하는 것은 일상에서 자기성찰과 더불어, 서로를 비추고 돕고 지켜 줄 수 있는 관계 속에서 가능하다. 깨어남의 지속은 깨어난 관계를 만드는 과정이다. 새 길을 함께 걷는 동지이자 길벗으로 서로 주체가 된다. 이렇게 더불어 사는 삶의 가치와 철학, 생활양식을 함께 공부하고, 서로 돕고 살리는 일상의 삶에서 축적되는 신뢰와 지혜를 통해 깨어남을 지속한다. 그러는 가운데 공부, 수행하는 일상 삶과 사회적 실천이 하나되어 주어진 현실을 바꾼다.[13]

'하늘을 공경하고 생명을 사랑하라'는 사람이 하늘과 땅을 터전으로 살아온 이래 오랜 세월 이어 온 큰 가르침이자 뜻이다. 모든 고대문명, 동서양 종교와 철학이 똑같이 깨달은 것이다. 하늘을 공경하는 것은 낱생명의 한계를 깨닫는 것과 동시에 개별적 자기 경험의 한계를 넘어 온생명으로 사는 것을 깨닫는 은총이다. 이는 고난받는 생명을 구하고 해방하여 생명을 널리 이롭게 하는 삶을 살도록 한다. 사람은 하늘 땅과 어울려 사는 생명이다. 더불어 살아가는 온생명 속에서 태어나고 자라 새 생명을 잉태한다. 다른 생명들과 관계를 넉넉하게 누리는 만큼

---

13 철호,《살림학 얼과 길》(밝은봄, 2024), 124~125쪽

생명력은 커진다. 여기에 한몸되어 사는 신비가 있다. 이 신비는 교육, 정치, 경제 등 모든 삶을 관통한다. 인류는 이 가르침과 상반된 문명을 만들어 왔다. 모든 생명 근원인 하늘과의 관계를 자기만의 방식으로 규정하거나 독점하고 자기 욕망, 집단 이익, 명예와 권력을 위한 도구로 이용한다. 동시에 사람이 지닌 능력에 대한 환상에 빠져 하늘을 경외하는 마음을 잃으니, 아집과 오만으로 생명을 경시하는 문명을 낳았다. 다른 생명을 자기 이익을 위해 함부로 대한다. 아집에 갇혀 다른 생명을 사랑할 힘과 감수성을 잃는다.[14]

우리가 살아가는 인류 문명의 지배적 힘은 '하늘을 공경하고 생명을 사랑하라'는 큰 뜻과 반대로 작용하고 있다. 이 힘은 공기처럼 아주 익숙하게 우리에게 영향을 미치고 있다. 그래서 이 뜻으로 깨어나 사는 삶은 저절로 되지 않는다. 이 뜻으로 깨어남을 지속할 수 있는 슬기가 필요하다. 노자와 묵자와 동학은 생명을 억압하고 죽이는 당시의 지배적 통념에 휩쓸리지 않고, 더불어 사는 삶을 바탕으로 새로운 길을 내었던 슬기를 우리에게 전해 주는 살아 있는 증인들이다. 이들은 생명을 압제하는 현실에서 깨어나 새로운 삶의 길을 내었다. 그 슬기는 '새 삶을 향한 뜻을 현실화하는 관계'와 '공부와 수행의 일상화'이다. 더불어 살며 공부, 수행하는 일상의 뿌리가 곧 사회와 세상을 바꾸는 실천이었다. 생명을 억압하는 통념과 그로 인한 지배적 힘이 더욱 세련되어진 오늘날에도 이 슬기를 이어 곳곳에서 마을 일구며 살림생태계 지어 가는 살림꾼들과 길벗들이 있다.

---

14 철호, 〈삼일학림 삶과 얼〉

3. 노자: 무위자연의 도와 덕으로 소국과민의 세상을 이루다

《도덕경》이 쓰인 춘추전국시대는 사회가 혼란스럽고 지배층의 착취가 극심하며 전쟁이 끊이지 않았다. 이러한 난세에 전쟁과 부역에 끌려가 강제노동에 배고픔과 추위로 죽어 간 민중들의 절망적 외침을 대변한 것이 '노자'다. 절망에 빠진 민중들이 자연으로 돌아가고자 소망한 것은 당시 삶을 도륙하는 거짓되고 포악한 지배 문명에 대한 거부였다.

사람은 땅을 본받고, 땅은 하늘을 본받으며, 하늘은 도를 본받는데, 도(道)는 스스로 그러함(자연自然)을 따른다(《도덕경》 25장). 스스로 그러한 길을 따르는 삶을 무위(無爲)라 한다. 무위는 하늘 땅 사람이 생성변화하며 서로 살리는 길을 깨닫고 그 길을 따라 사는 것이다. 그래서 무위로 이루지 못할 것이 없다(《도덕경》 3장). 덕(德)은 만물이 도로부터 얻은 것으로서, 만물에서 작용하는 도의 힘이자 능력이다. 도를 따르며 얻은 덕은 일상 삶에 쌓이며 드러난다. 윗 덕은 덕스럽지 않아서 덕이 있고, 아랫 덕은 덕스러우려 애써서 덕이 없다. 그래서 윗 덕을 가진 사람은 무위하면서 무위로 다스리고, 아랫 덕을 가진 사람은 유위하며 유위로 다스린다(《도덕경》 38장).

스스로 그러한 삶은 생성변화를 일으키는 보이지 않는 힘과 그 작용을 삶에서 느끼며 경험한다. 그 모습은 다양하게 나타난다. 그래서 하나의 모습으로 꼴 지을 수 없다. 이를 하나로 꼴 지으려는 시도가 폭력과 억압을 낳는다. 이러한 유위(有爲)의 억압적 문명의 현실에서 무위자연의 도를 따라 덕을 쌓아 드러나는 삶은 그것을 느끼고 익히는 공부와 수행/수련을 더불어 함께하는 관계가 뒷받침되어야 한다. 노자로부터 많은 양생, 수행/수련 전통이 말미암은 것은 이런 이유이다. 사람은 작은 우주로서 하늘 땅 사람 서로 살리며 생성변화하는 원리를 깨닫고, 하늘 땅의 스스로 그러한 길인 자연의 때에 맞게 사는 것이 마땅하고 건강하다. 양생은 하늘 땅 생성변화하는 기운과 그 이치에 따라 더불어 살고, 몸과 마음을 바르게 하여 오장육부의 음양 균형 조화를 이루는 수행이다(양생지도).[15] 수행은 과거의 인과와 현재의 모습을 인정하고 진정한 변화를 향해 작지만 의미 있는 새로운 연습을 수없이 반복하는 것이다. 이러한 양생은 자기 몸과 마음을 이해하고 조율하며 몸 마음과 더불어 평화롭게 살아갈 수 있는 주체성을 고양하는 과정이다. 이러한 양생 수행이 삶 전반에 일관성 있는 실천으로 뿌리내리기 위해서는 함께 살아가는 관계 속에서 서로를 추동하며 양생의 문화를 만드는 것이 중요하다.[16]

노자는 국가권력에 복무하지 않고, 지배계급의 이익을 도모하지 않을 뿐 아니라, 그에 기반한 문명에 기여할 생각이 없다. 이에 반해 공자로 대표되는 유가는 국가권력에 복무하고, 지배계급의 이익을 도모하기에 그들의 환영을 받는다. 노자는 유위, 곧 인위(人爲)한 국가와 문명이 사라진 곳에서 진정한 인간의 삶이 가능하다고 보았다. 《도덕경》의 하늘 땅 사람, 도와 덕, 있음과 없음에 대한 거대한 논의는 언어의 한계와 힘을 동시에 사유하는 상보성[17]으로 시작하고, 하늘 땅 사람 서로 살리는 단순 소박한 삶과 소국과민(小國寡民)을 통한 평화라는 구체적 실천전략으로 갈무리된다.[18] '나라를 작게 하고 백성을 적게 하라'[19]는 소국과민은 인위와 강제, 이기심의 총화인 국가에 대한 새로운 발상이다. 그 나라는 인위와 강제, 이기심이 없기에 전쟁이 일어나지 않는다(《도덕경》 80장). 먹고 입고 자고

---

15 철호,《살림학 얼과 길》(밝은봄, 2024), 41~42쪽
16 주은,〈양생의 도, 자연 삶 살림의학〉,《살림꽃―살림학 토론회 자료집》, 84~85쪽

놀고 일하는 일상의 단순 소박한 삶을 산다. 같이 나누어 먹는 밥이 달고, 더불어 입는 옷이 아름다우며, 함께 사는 삶이 편안하고, 어울려 만들어 가는 문화풍속이 즐겁다(《도덕경》 80장). 이에 뿌리내려 만들어지는 자치 자족 자립하는 사회 생태적 관계망인 살림터(마을)가 나라이고 그 살림터들의 연합이 노자가 이루려고 하는 세상의 모습이다.

4. 묵자: 겸애 공동체로 천하무인의 안생생 사회를 꿈꾸다

묵자는 기원전 5세기 주(周)의 노예제적 봉건제도가 무너지기 시작한 춘추시대 말에서 전국시대 초에 활동했다. 당시는 주의 왕권이 쇠약해지면서 공유지였던 농지의 사적 소유가 성행한다. 농지 소유를 통해 기존의 귀족과는 다른 농업/상업 자본가들이 등장했고, 빈부격차가 심해지며 농민들은 사적 노예로 전락한다. 이러한 힘의 공백으로 인한 혼란은 기존 귀족들과 신흥 자본가들, 관료 계급이 저마다 일어나게 했다. 즉, 약육강식의 토지겸병 전쟁이 끊임없던 어지러운 시대였다. 대다수 민중들은 전쟁으로 죽고 다칠 뿐 아니라 전쟁 비용 조달을 위해 많은 수탈을 당한다. 이러

---

17 서로 모자란 부분을 보충하는 관계 또는 그 특성을 말한다. 생성변화를 중심에 두는 사유는 상보성에 대한 이해가 있다. 동북아 사상은 음과 양이 상보적으로 상호작용한다고 보았고, 이 모습을 태극으로 형상화했다. 20세기 양자역학은 이러한 상보성을 설득력 있게 뒷받침한다.

18 철호,《살림학 얼과 길》(밝은봄, 2024), 128쪽

19 흔히 소국과민을 '작은 나라, 적은 백성'으로 해석한다. 이는 단지 해석의 차이로만 볼 문제가 아니다. 실천적 맥락에서 볼 때, '나라를 작게 하고, 백성을 적게 하라'와 확연한 차이를 드러낸다. 전자는 그 상태가 아니면 더 이상 할 것이 없다. 그리고 예전에나 가능한 시대에 뒤떨어진 이야기라고 외면한다. 그런데 후자로 이해하면 누구나 지금 실천할 수 있는 주제가 된다.

한 현실에서 묵자는 어느 군주에게 속하지 않고 자기 목숨을 걸고 반전평화 운동을 펼쳤다. 앞서 묵비사염 이야기에서 보았듯이, 유가의 인(체애, 별애)이 아니라 차별 없는 사랑의 관계(겸애)를 맺고 살아가는 것이 하늘의 뜻이며, 이러한 관계 맺음으로 천하에 남이 없는(천하무인) 안생생(安生生) 사회가 가장 이로운 것임을 보였다.

묵자는 귀하고 지혜로운 분은 오직 하나님[20] 한 분뿐이고 의는 오로지 하나님으로부터만 나온다고 하며, 온 인류를 평등하게 사랑하는 하나님처럼 제 이웃을 제 몸과 같이 사랑하고 누구도 차별하지 말아야 한다고 했다. 묵자는 당시의 무도하고 불의하며 이기적이고 파멸적인 전쟁 가득한 시대에 생명 존중인 '애(愛)'와 공동체 정신인 '겸(兼)'을 묶은 새로운 관계를 이루어 살았다. 부모나 자식이라고 하여 다른 사람보다 더 사랑하지 않고, 친척 사이가 아니라고 하여 다른 이를 나 몰라라 하지 않았다. 유가(맹자)는 묵자의 겸애 공동체를 보며 아비 없는 금수라 비난했다.[21] 공자와 묵자는 모두 사랑을 말했지만, 공자의 인(仁)은 혈연에 대한 사랑(체애)이자 차별하는 사랑(별애)으로 나타났다. 그와 달리 묵자는 혈연을 넘어서는 아우르는 사랑(겸애)을 말하고 그렇게 살았다. 끊임없는 전쟁이 일어나는 것은 차별하는 사랑에서 말미암는다고 보았기 때문이다.[22]

---

20 '하나'는 하늘을 뜻한다. 그리고 작은 하나와 그 작은 하나들을 포함하는 큰 하나를 말한다. 그래서 신명(神命)으로 쓰이기도 한다. 이 말은 개체로서의 하나를 뜻하지 않는다. 개체로서 하나의 의미가 강화된 것은 하늘/신을 위계적 구도의 최상위 존재로 설정한 집단으로 인함이다. 이 집단은 하늘과 신을 독점하여 인류 역사에 많은 폐단을 일으켰다. 이 집단이 문제이지, '하나'라는 말은 우리 삶의 신비와 현실을 잘 표현하는 말이라 할 수 있다.

21 "양씨(양주)는 자신만을 위하니 이것은 군주가 없는 것이고 묵씨(묵자)는 똑같이 사랑하니 이것은 아버지가 없는 것이니 아버지가 없고 군주가 없으면, 이것은 금수이다."_《맹자》등문공 하

더불어 '교리(交利)'라는 상생의 관계를 선언한다. 차별 없는 사랑이 곧 이로움이다. 자신만의 이익을 챙기는 게 아니라 겸애를 바탕으로 공동체 구성원 모두의 이로움을 추구한다. 자기가 번 것이라도 자신을 위해 사치스럽게 쓰는 일을 하지 않았다. 생산된 물품은 공동으로 관리하고 나누어 썼으며, 이윤도 마찬가지였다.[23] 더 얻기 위해 싸우며 경쟁하지 않고, 나누어 쓰고 아껴 쓰는 삶이 참 이로운 것임을 더불어 살아가며 경험했다. 자족하며 살아가는 문화는 생명이 평안하게 살아가는 삶(안생생)의 새로운 기준을 만들었다.

이렇듯 묵자는 새로운 관계 맺음으로 겸애와 교리를 전했다. 전쟁 가득한 세상에서 천하 만민이 다 함께 한 가족 같으며(천하무인), 자족하며 평안한 삶을 살아가는(안생생) 사회를 일구어 갔다. 더불어 살아가며 살림과 노동을 중시하고 몸소 행했다. 묵자는 자신의 말을 반석같이 지켰고, 의를 위해 목숨을 내놓을 만큼 절개가 있었다. 묵자의 사상을 비판했던 맹자도 "묵자는 겸애를 주장하면서 머리끝에서 발끝까지 자신의 온몸이 다 닳도록 천하의 이익이 되는 일이라면 하려고 했다"(맹자, 진심 상)라며 그의 실천을 높이 샀다. 또한 자기를 거울이나 물에 비추는 게 아니라,

---

22 "혼란이 일어나는 원인을 살펴보면 그 이유는 서로 사랑하지 않기 때문이다. (…) 천하가 모두 두루 평등하게 서로 사랑하되 남을 제 몸같이 사랑한다면 불효자가 있겠는가? (…) 천하가 두루 평등하게 서로 사랑하면 다스려지고 서로 차별하고 미워하면 어지러운 것이다. 그러므로 묵자가 남을 사랑하라고 권면하지 않을 수 없는 것은 이 때문이다." _《묵자》 겸애 상

23 "전쟁으로 밖에서 땅을 빼앗는 것이 아니고 그 나라 안에서 나라 살림의 낭비를 없앰으로써 그 나라의 살림을 두 배로 만들 수 있다. 성왕의 정치는 정령을 펴 산업을 일으키고 백성들로 하여금 재화를 풍족하게 사용토록 하되 이용후생에 보탬이 되지 않는 것을 결코 하지 않았다. 그리하여 재화를 소비하는 데 낭비가 없으므로 백성의 노동력이 지치지 않으면서도 이익은 더욱 커지는 것이다." _《묵자》 절용 상

사람(관계)에 비추어 스스로를 성찰하고 깨어 있는 삶을 살려고 했다.[24] 이러한 태도로 뜻을 실천하고 조직하여 민중의 삶을 바꾸어 갔다. 전쟁을 생명살림 공동체의 가장 큰 걸림돌로 규정하고 평생 전쟁반대 운동을 전개했다. 그래서 이들은 전국시대에 많은 사람들에게 압도적인 지지를 받았다.[25]

이러한 묵가들이 권력자들의 비위에 맞을 리가 없었다. 묵자는 공자가 봉건 귀족 계급을 편들고 입신 출세하려 한다며 '어린이만도 못한 지혜를 뽐내는 자', '남의 창고로 배부르고 남의 밭으로 술 취하는 자', '희대의 간악하고 간사한 위선자'라고 했다. 그래서 유가를 통치 이념으로 삼은 중앙집권체제의 전제국가가 등장하자 묵가는 유가의 비난과 핍박 가운데 자취를 감춘다. 그러다가 묵자 어록이 도가 경전인 〈도장〉에 끼어 있었던 것이 밝혀지고, 묵자는 역사에 다시 등장한다.

노자와 묵자에게는 유가에게 없는 마을(살림터)의 관계가 당연하게 설정되고 실천되었다.[26] 일상의 수행을 기반하여 도와 무위자연의 삶과 세상을 모색했던 도가가 역사 속에 사라질 뻔한 묵가를 품었던 것은 어찌 보

---

24 "옛말에 이르기를 군자는 물을 거울로 삼지 않고 사람을 거울로 삼는다고 했다. 물은 거울로 삼으면 얼굴 모습을 볼 수 있으나 사람을 거울로 삼으면 사람의 길흉을 알 수 있는 것이다."_《묵자》비공 중

25 전국시대에 활동한 맹자는 "양주와 묵적의 학설이 하늘 아래 가득하여 천하의 학설이 양주에게 쏠리지 않으면 묵적에게 돌아간다"(《맹자》등문공 하)고 한탄했다. 맹자는 묵자가 죽은 뒤 두 세대쯤 지나서 활동한 인물인데, 이를 보면 묵자 사후에도 묵가가 크게 번성했음을 알 수 있다. 묵가의 기세에 놀란 맹자는 이렇게 말한다. "묵적에서 도피하면 반드시 양주로 돌아가고, 양주에서 도피하면 반드시 유학으로 돌아오니, 돌아오면 받아 줄 뿐이다. 지금에 양주·묵적의 학자들과 변론하는 것은 마치 뛰쳐나간 돼지를 좇는 것과 같으니, 이미 그 우리로 돌아왔거든 또 따라서 발을 묶어 놓는구나."(《맹자》진심 하) 맹자는 이러한 묵가를 통렬히 비판하며, 당시 전국시대의 많은 지지를 받았던 묵가를 그냥 두고서는 유가가 설 자리를 잃어버릴까 봐 전전긍긍한다. 맹자가 죽은 뒤 한 세대쯤 지나 활동한 인물인 한비자는 "지금 세상에서 가장 저명한 학파를 꼽자면 유가와 묵가를 들 수 있다"(《한비자》현학)라고 했다. 한비자의 활동 시기는 묵자 사후 다섯 세대쯤 지난 때이다.

면 둘 사이에 품은 뜻이 같고, 삶에 기반한 가르침을 수행과 공부, 사회적 실천을 하나로 펼쳐 갔던 공통분모가 있었다는 증거이겠다.

5. 동학: 수심정기 하여 유무상자의 관계로 다시개벽을 도모하다

동학을 열었던 수운 최제우는 19세기 조선 말에 살았다. 몰락한 양반 가문의 재가녀의 아들로 태어난 수운은 청년 시절 10년 동안 장사꾼으로 곳곳을 돌아다닌다. 이때 외세의 침략, 무능한 조정, 지방 관료의 폭압적 통치로 민중이 삶터에서 겪는 어려움을 직접 목격한다. 수운은 당대 조선의 위기가 각기 자신의 이익만 따라 살아가는 마음(각자위심各自爲心)으로 말미암았다고 진단한다. 당시 상황은 요임금, 순임금은 물론 공자, 맹자와 같은 성현이 다시 와도 어쩔 수 없는 사태임을 깨닫고, 서학에도 관심을 두지만 뾰족한 답을 찾지 못한다. 그는 몸과 마음을 닦는 수행(수심정

---

26 "도로 몸을 닦으면 그 몸의 덕은 곧 참되어지고, 도로 가문을 닦으면 그 가문의 덕은 곧 넉넉해지고, 도로 마을을 닦으면 그 마을의 덕은 곧 오래 가고, 도로 나라를 닦으면 그 나라의 덕은 곧 풍요롭게 되고, 도로 천하를 닦으면 그 천하의 덕은 곧 넓게 퍼질 것이다." _《도덕경》 54장
"인민들은 천하에 어질고 훌륭하고 성스럽고 지혜롭고 분별 있는 사람들을 선택하여 그를 세워 천자로 삼고 천하의 의리를 화동시키는 일을 맡도록 했다. 천자를 세웠으나 오직 한 분의 귀와 눈으로 보고 들은 실정만으로는 부족하므로 천자를 도울 만한 현명하고 양순하며 성스러운 지식과 분별 있고 지혜로운 사람을 선택하여 삼공으로 삼아 천하의 의리를 하나로 화동하는 일에 함께 종사토록 했다. 천자와 삼공을 세웠으나 천하는 넓고 커서 산림 속에 사는 사람들과 먼 고장 인민들까지 하나로 화동시킬 수 없었다. 그러므로 천하를 여럿으로 나누어 제후 나라를 세우고 거기에 군주를 두어 나라의 의를 하나로 화동시키는 일에 종사케 했다. 나라에 군주를 세웠으나 또 생각하기를 그의 눈과 귀로 들은 실정만으로는 나라의 의를 하나로 화동시킬 수 없으므로 그 나라의 어진 이를 선출하여 군주를 돕도록 공경과 대부로 삼아 마을의 우두머리가 되게 하여 나라의 의를 하나로 화동하는 일을 함께 종사하게 했다." _《묵자》상동 중

기修心正氣)에 집중하기로 작정한다. 그리하여 하늘뜻을 품은 모든 존재는 고귀하다(시천주侍天主)는 깨달음을 얻는다. 이 깨달음으로 자신부터 깨어난 뜻을 세우고 실천한다. 집에서 부리는 여종을 각각 수양딸과 며느리 삼는다. 수운은 스스로를 바꾸고 새로운 관계를 이루어 어지러운 시대에서 새로운 시대와 문명으로의 다시개벽을 도모한다.

해월 최시형은 스승 수운 최제우의 가르침을 이어받아 수행의 일상화와 그로 인한 새로운 관계 맺음을 강조하고 확장한다.[27] 평범한 농부로서 머슴 생활하며 몸에 익었던 그의 살림 역량은 가르침을 일상화할 수 있는 바탕이 되었다. 해월은 사람만이 하늘을 모신 것이 아니라, 만물이 하늘을 모셨다는 깨달음으로 나아간다. 동학의 일상에서 수련은 먹는 것부터, 걸음걸이, 잠자는 것 등의 행동거지가 달라지고, 부모는 물론 부인과 남편, 자식과 이웃, 그리고 땅을 대하는 것에 이르기까지 변화한다.[28] 이전과 다른 생활양식으로 살아가며 마음이 신령해지고 덕성이 함양되어 사회를 변혁하는 것이 동학의 개벽이다.

당시 민중들이 상부상조하는 기본 관계망인 '두레'가 동학의 '접'과 '포'라는 관계망[29]과 맞물려 큰 힘을 발휘한다. 동학의 시천주라는 뜻을

---

27 "맑고 밝음이 있으면 그 아는 것이 신과 같으리니, 맑고 밝음이 몸에 있는 근본 마음은 곧 도를 지극히 함에 다하는 것이니라. 일용행사가 도 아님이 없느니라. 한 사람이 착해짐에 천하가 착해지고, 한 사람이 화해짐에 한 집안이 화해지고, 한 집안이 화해짐에 한 나라가 화해지고, 한 나라가 화해짐에 천하가 같이 화하리니, 비 내리듯 하는 것을 누가 능히 막으리오." _《해월신사법설》 대인접물

28 "땅을 소중히 여기기를 어머님의 살같이 하라. 어머님의 살이 중한가 버선이 중한가. 이 이치를 바로 알고 공경하고 두려워하는 마음으로 체행하면, 아무리 큰 비가 내려도 신발이 조금도 젖지 아니할 것이니라. 이 현묘한 이치를 아는 이가 적으며 행하는 이가 드물 것이니라." _《해월신사법설》 성경신

29 '접'은 무릎을 맞댈 정도로 함께 모인 소수의 공부모임이고, 이런 작은 모임이 합쳐져 '포'가 된다. 포접제는 수운이 창안하고, 해월이 확장했다.

일상에서 하늘이 하늘을 돕고 보살피는 삶으로 풀어낸다. 이로써 가진 사람과 가지지 못한 사람이 서로 돕고 살아가는 유무상자(有無相資)의 공동체를 이룬다.[30] 나아가 폭정으로부터 백성을 구하고 그들이 평안한 나라를 모색했다(제폭구민除暴救民, 보국안민輔國安民). 1894년 동학농민운동은 깨어난 뜻을 세운 새로운 관계를 기반하여 세상을 근본적으로 바꾸겠다는 개벽 운동이다. 이 운동은 전 지역이 참여하는 엄청난 호응과 함께, 폭력이 난무하는 상황에서도 생명을 함부로 해치지 않고 곤궁한 사람을 구휼[31]하고 가난한 사람을 진휼[32]하며 아픈 사람에게는 약을 주는 등 당시 국가가 하지 못하는 일들을 대신했다.

노자, 묵자, 동학은 전쟁 가득하고 생명살림이 상실된 시대에 그 시대의 통념을 뛰어넘어 새로운 물꼬를 텄다. 이들의 삶과 운동은 모두 깨어남을 지속하는 생명력의 고양으로서 공부와 수행, 이 과정에서 백성(民)의 조직화와 사회문화적 실천이 함께 이루어지는 슬기를 잘 보여 준다. 이 슬기는 억압적 힘과 통념이 강력하고 세련되며 일상화하여 그 힘이 무엇인지

30　동학 배척과 탄압은 경상도 유생들 중심으로 이루어졌다. 그들은 각지의 서원에 통문을 보내어 대대적으로 동학을 탄압했다. 그런데 그들이 남긴 〈동학배척통문〉(1863년)에는 동학의 당시 위상을 알 수 있는 흥미로운 구절이 있다. "(동학의 무리는) 귀천이 같고, 등급과 지위의 차별도 없으니 백정과 술장사들이 한자리에 모이고, 남녀를 차별하지 아니하고 유박(帷薄; 포교소)을 세우니 과부와 홀아비들이 모여들었다. 재물과 돈을 좋아하여 있는 사람과 없는 이들이 서로 도우니(有無相資), 가난한 이들이 기뻐했다."－〈동학배척통문〉

31　'어려움에 처한 사람을 구제하고 도와준다'는 뜻으로 백성 구제를 말한다.

32　진휼(賑恤)은 조선시대 민간 구휼 정책 중 하나이다. 흉년이나 재난을 만나 굶주린 백성을 진휼하는 데 쓰는 쌀을 진휼미(賑恤米)라 하고 진휼에 관한 업무를 관장하던 관청과 관원을 각각 진휼청, 진휼사라 한다.

알지 못하는 오늘날 더 유효하다.

    오늘날 자본, 부동산, 학벌, 분단이데올로기, 지식권력, 생체권력, 가족이기주의, 국가주의 등 시대우상에 대한 문제의식이 일상 삶을 재구성하는 이행실천전략으로 이어지지 않으면, 그 힘에 속수무책으로 지배당하고 만다. 자본의 지배 작용을 비판하는 지식운동이 상징자본과 학벌에 의존한다. 국가권력의 지배를 비판하는 이론과 운동이 국가나 기업의 지원 없이는 존속 자체가 불가능한 상태로 길들여진다. 백성의 주체적 자발성을 중심으로 해야 할 마을운동이 국가와 기업의 지원에 길들여져 민의 주체역량 자체를 잃어버린다. 진보 지식과 운동 의제가 지식시장에서 유행상품이 된다. 반자본을 표방하는 이론들이 지식시장의 유행상품으로 유통되며, 오히려 지식시장에서 작동하는 자본증식에 복무하는 도구가 된다. 생태를 표방한 운동이 오히려 생태를 상품화하는 일에 앞장선다. 농도상생(農都相生)의 생명문화를 표방한 운동이 유통 자본화되어 경제주의에 갇힌다.[33]

    이러한 현실에서 노자, 묵자, 동학의 지혜와 슬기로 새 길을 내는 살림꾼과 살림길벗들이 있다. 이들은 새로운 삶에 걸맞은 관념을 창조하고 역사변혁과 생활양식의 전환을 함께 도모한다. 이 모든 과정에서 주체의 깨어 있음을 위한 수행하는 삶이 늘 함께 실천된다. 역사에 새로움을 도입한 운동들은 새로운 정신적 가치와 관념을 창조하고, 역사변혁과 생활양식의 전환을 함께 도모했다. 이 모든 과정에서 주체의 깨어 있음을 위한 수행의 영성이 늘 함께 실천되었다. 이 땅에서 일어난 동학운동의 가치는 인내천(人乃天)과 같은 관념에 있지 않다. 유불선 삼교와 서학의 정신적 가

---

[33] 철호, 《살림학 얼과 길》(밝은봄, 2024), 67쪽

치를 창조적으로 수렴하고, 당시 가장 절실했던 역사적 실천과 문명개벽의 과제를 극복할 수행의 영성을 겸비한 실천에 그 탁월함이 있다. 정신개벽과 물질개벽이 동시에 이루어지는 '다시개벽'은 깨어 있는 주체의 수행하는 삶과 사회문화적 실천을 통해 함께 이루어지는 것이다.[34]

6. 살림학: 생명살림 두레와 마을로 살림생태계를 일구다

밝은누리는 돈, 소비, 권력, 제국, 학벌, 부동산, 분단이데올로기 등으로 대표되는 반생명적인 힘과 문화가 지배하는 현실에서 생명살림과 평화 이루는 삶을 꿈꾸며 1991년 한몸살이[35]를 시작했다. 밝은누리를 시작할 즈음의 한국 사회는 100여 년간 중첩된 역사와 문명의 모순이 집약적으로 분출되고 있었다. 감격스러운 역사 이면에 은폐되었던 가슴 아픈 역사와 문명의 상처가 치유되지 못한 채 드러났다. 일제와 분단, 전쟁, 냉전을 거치며 주체적으로 성찰할 겨를 없이 달려온 역사였기에 서구화, 산업화, 도시화로 대변되는 근현대사 모순이 중층적으로 드러나는 위기를 맞았다. 제대로 반성하지 못한 역사는 기만을 일상화하고, 기회주의 처신을 사회생활의 지혜로 둔갑시켰다. 뿌리 깊은 사대주의 문화와 분단의식은 정상적인 소통을 불가능하게 만들고, 주체성과 창조성을 잃게 만들었다.

---

34 앞의 책, 77~78쪽

35 "한몸살이는 생명을 살리고 평화 일구는 삶의 가치와 얼을 공유하고 서로 살리며 더불어 사는 한몸된 삶이다. 삶터에서 소통되는 말글, 생활문화, 습속 등이 어우러져 생기는 공동인식과 감성을 통해 생성되는 '장(場)/사이(間) 주체'로 사는 삶이다. 한몸살이는 한몸된 유기적 관계 속에서 각 지체들이 각자 고유한 모습과 기능으로 서로 살리며 더불어 사는 생명의 존재 방식이다." _철호, 《살림학 얼과 길》(밝은봄, 2024), 82~83쪽

생명 원천인 하늘땅살이(농사)와 살림을 업신여기고, 생명 터전인 땅을 개발과 부동산 투기로 훼손했다. 산, 강, 바다 자연 생태계를 특정 이해집단과 자본의 이익을 위해 너무도 조급하게 파괴해 버렸다. 교육과 직장 현장 등 사회 곳곳에서 정당하지 못한 경쟁이 당연한 삶의 과정으로 자리 잡았다. 마지막 한 명까지도 이겨야 할 경쟁자로 대상화해 소외시킨다. 과도한 무한경쟁에서의 성패가 진정한 자기실현과 행복을 보장할 수 없을 뿐 아니라 더 깊은 고독과 소외에 빠져들게 한다는 엄연한 사실을 망각한 채 산다. 문제를 느껴도 어쩔 수 없이 그 흐름에 내몰리는 현실이다.[36]

밝은누리는 하늘 땅 사람이 더불어 살아가는 생명살림터인 마을[37]에 토대한 두레[38]들의 연대체다. 한몸살이라는 관계와 서로 살리는 힘을 기초로 두레와 마을살이로 구체화하는 삶을 산다. 강원 홍천, 서울 인수, 경기 군포와 양평에서 농도상생 마을공동체를 이루어 살아간다. 밝은누리의 마을은 행정구역이 아니라, 아이 데리고 마실 다닐 수 있는 삶의 동선이다. 한국 사회에서 소외되기 쉬운 살림과 육아 주체에 중심을 두었다. 이러한 삶의 동선인 마을을 이루어 모여 산다. 비혼 청년들은 '아드님/따님 공동체방'에서 함께 산다. 자율적 필요와 상호판단을 통해 참여한다.

---

36 철호, 〈밝은누리를 일구며〉
37 "마을은 하늘 땅 온생명 서로 살리는 일상 삶의 근본 관계망이자 생명살림터다. 사람이 나고 자라고 죽고 다시 사는 생명순환이 이루어지는 기본 생태계다. 생물로서의 한 생명이 사회적 주체로 전환되는 터전이다. 마을살이는 마을이라는 생명살림터에서 더불어 먹고 입고 자고 일하고 노는 삶이다. 개인이나 가족 단위로는 해결하기 어려운 삶의 과제들을 함께 풀어 간다." _철호, 《살림학 얼과 길》(밝은봄, 2024), 84쪽
38 "두레는 더불어 사는 삶을 배우고 익히고 실천하는 기본 단위다. 함께 배우고 익히며 얼 밝히고, 서로 긴밀하게 사귀고 돌보며 일상의 역동적 과제를 함께 풀어 가는 관계다. 경제적 상호 협조체라는 성격을 넘어, 삶의 다양한 과제들을 함께 풀고 서로 비추어 주는 기초 관계망이다." _앞의 책, 83쪽

청년시절에 '함께 사는 삶'을 구체적으로 경험하는 것은 결혼 후 가정생활에도 큰 유익과 지혜를 준다. 또한 결혼·임신·출산·육아 과정을 통해 공고해지기 쉬운 지배적 생활양식과 가족이기주의 등을 극복하는 중요한 토대가 된다. '두레'는 더불어 살아가는 살림문화를 만들어 가는 기본 관계망이다. 7~10명 정도로 구성된 두레는 마을이라는 일상 삶을 공유하는 터전을 바탕으로 깊은 관계를 맺고 삶을 나누며, 상담, 공부/수련, 실천 등을 함께한다. 두레와 마을로 살아가는 한몸살이는 서로 주체되는 관계를 이룬다. 특정한 역할을 중심으로 한 위계적 관계가 아니라, 한몸된 관계 안에서 서로를 살리는 재능을 발견하고 꽃피우는 가운데 책임 있는 지도력을 발휘한다. 그리고 더불어 사는 삶을 바탕으로 서로를 비추어 주는 관계를 맺는다. 세운 뜻을 함께 기억하고 서로 비추는 관계는 스스로 모순과 기만에 빠지지 않게 하고, 삶의 일관성을 가능하게 하는 중요한 원천이다.[39]

    이러한 관계를 바탕으로 울력, 품앗이[40]가 다양하게 펼쳐진다. 깨어난 뜻을 갈고닦는 공부 시간에는 마을 이모삼촌들이 돌아가며 아이들을 품앗이한다. 엄마아빠가 일터에서 늦게 돌아오는 날에는 이모삼촌과 함께 밥상에서 밥 먹고 놀다가 엄마아빠가 돌아오면 집으로 가는 것이 자연스럽다. 이러한 모습은 누구 엄마아빠의 아이가 아니라, 모두의 아이로 자라나는 근원적 경험이다. 이사, 집수리, 혼인 준비, 마을밥상의 운영을 품앗이와 울력으로 한다. 손이 많이 가는 밭일, 흙집 건축, 창업공간을 짓고

---

39 철호, 〈밝은누리를 일구며〉

40 "품앗이는 사적인 일을 서로 도와 함께하는 것이고, 울력은 공적인 일을 함께하는 것이다. 삶터에는 공적 과제와 사적 과제가 엄연히 혼재해 있지만, 그것을 풀어 가는 힘은 함께하는 것이다." _철호, 《살림학 얼과 길》(밝은봄, 2024), 83쪽

꾸미는 일도 울력으로 한다. 밥상에서는 손이 많이 가는 김장을 울력잔치로 열어 함께할 이들을 초대한다. 잔치에 초대된 이들은 마늘 까기, 배추 씻기 등 다양한 노동 속에서 서로 어우러진다. 직장인들은 퇴근 후나 휴가를 내어 함께한다. 육아하는 이들도 소외되지 않고 아이와 함께 참여한다. 아이들은 놀이하듯 울력하고, 어른들도 노동 자체가 놀이가 되어 행복을 느낀다.

밝은누리는 마을, 두레, 울력, 품앗이라는 더불어 살아가는 일상 문화를 바탕으로 필요한 공부와 수련을 한다. 공부하는 문화는 한몸살이의 태동 때부터 만들어졌다. 삶에서 길어 올려진 관념이 다시 삶으로 되돌아가는 공부다. '청년아카데미', '공동체지도력훈련원', '삼일학림' 등 다양한 배움터가 있다. 여러 배움터에서 배운 대로 살아가는 공부를 한다. 밝은누리뿐 아니라 곳곳에서 생명살림터 일구는 길벗들이 살림꾼(연구원)이 되어 생명살림과 평화를 실천하고 연구하는 '살림학연구소'에서 관심 있는 주제를 연구하고, 자율 모임을 꾸려 공부한다. 철학, 종교, 역사, 몸 마음 닦는 수련을 통해 얼 밝히고, 참된 나로 살아가는 공부를 한다. 이 공부가 단순한 지식, 교양이 되지 않도록 삶과 연결 짓기를 일상에서 해간다. 관념이 몸에 들어와 실제가 되기까지 충분한 시간을 갖고 실천한다. 여러 공부를 통해 삶을 돌아보고, 관념을 삶으로 실천하고 검증하는 훈련과 수련을 한다. 그 구체적인 자리가 마을이다. 마을에서 살아가는 것은 배움이 실천되는 과정이다. 이 공부와 수련이 먹고 입고 자고 놀고 일하는 일상 삶의 생활양식을 변화시킨다. 문제의식은 전 지구적으로 설정하고, 그 구체적인 실천은 자기 삶터에서부터 시작한다. 지금, 여기의 현실은 온 누리의 현실과 다르지 않고 지금, 여기의 변화를 온 누리의 변화로 본다.

두레와 마을은 집단인격으로서 생명이기에 성장하고 분화한다. 농(農)이 지닌 가치를 상실한 도시문명은 온전한 생명됨과 생명 상호 간 평화를 구현할 수 없음을 깨닫는다. 그래서 2001년에 먼저 터 잡은 서울 인수마을은 2010년 강원 홍천마을로 분화한다. 생명살림의 가치를 중심으로 농촌과 도시가 서로 살리는 삶을 만들고, 소비, 교육, 의료, 복지, 문화 등 모든 삶을 새롭게 만든다. 강원 홍천마을과 서울 인수마을, 경기 군포 수리산마을, 경기 양평 고운마을은 긴밀하게 일상적으로 교류한다. 그리고 반생명문화가 지배하는 세상에서 생명살림의 가치를 구현하는 마을들이 연결된다. 밝은누리뿐 아니라 경남 양산 덕계마을[41], 부산 산성마을[42], 경기 남양주 없이있는마을[43] 등이 함께 새 길 걷는 길벗이다.

새 삶은 새로운 생태계가 필요하다. 변화의 물꼬는 특정 영역의 분과적 실천으로 시작되지만, 삶의 통전성을 담보하는 살림생태계를 만드는

---

41 경남 양산 덕계마을은 통전적, 생태적 교육을 지향하는 초등대안학교를 함께 꾸려오던 학부모와 교사들이 더 일관되고 진정성 있는 삶과 교육을 찾아가는 과정에서 경남 양산 웅상지역에 모여 살기 시작한다. 마을을 중심으로 한 한몸살이에 대한 서툴고 거친 꿈이 2019년 공동체지도력훈련원 공부를 통해 영근다. 그렇게 모인 힘으로 마을에 중학교를 세우고, 돌림병 상황에서도 마을밥상을 연다. 2022년 4월, 온 마을 사람들이 한자리에 모여 '생명평화 덕계마을'이라 이름 짓고 마을공동체로 살기 시작하는 잔치를 한다. 두레라는 관계를 중심으로 초중등 과정의 밝은덕 배움터와 덕계마을밥상, 덕계마을카페 이음 등을 꾸리고 있다.

42 부산 금정산 중턱에 자리한 산성마을은 2010년 즈음 작은 학교를 향한 교육을 꿈꾸던 초등혁신학교가 알려지면서 사람들이 모인다. 모이는 힘은 학생들의 졸업과 동시에 떠나는 사람들이 지속적으로 생기며 약화된다. 그렇게 학생 수가 줄고 교사와 학부모들의 활동이 뜸해지던 2021년, 신비로운 인연으로 몇 명이 공동체지도력훈련원 공부를 시작한다. 공부로 새로운 구심력이 생기고, 그 힘으로 두레 이루어 마을 일구며 살고 있다.

43 2018년, 생명평화의 삶을 꿈꾸던 청년들이 시작한 한몸살이다. 이후 도시를 떠나 공동체지도력훈련원 공부와 스스로 뜻을 세워 가는 공부를 하면서 2019년 11월 남양주 조안면 송촌리에 터 잡고 마을공동체를 일구고 있다.

길로 이어져야 지속가능하다. 살림학은 자치 자족 자립하는 마을(살림터)을 일구고, 마을들이 자율적으로 곱게 어우러져 생명살림과 평화를 증언하는 살림생태계, 살림문명을 일구는 운동이다. 이 땅 곳곳에서 생명살림터(마을)를 일구는 살림꾼들이 생명을 살리는 살림길 걸으며 평화살이하는 삶을 토대로 살림길 평화살이를 실천하고 재생산하는 지속가능한 생태계를 일군다.[44]

7. 수도자의 영성과 혁명가의 역사의식을 함께 품고

흔히 수도자 하면 은둔하여 자신을 바꾸는 사람이라 생각하고, 혁명가는 치열한 현실에서 세상을 바꾸는 사람이라고 생각한다. 주어진 현실, 특히 생명답게 살지 못하게 하는 죽임과 폭력, 고통의 현실을 바꾸는 데에는 나와 세상의 경계가 없다. 나를 변화시키고 동시에 세상을 변화시켜야 한다. 나를 바꾸었는데 세상은 그대로라면 자기만족에 그치거나 거대한 현실에 체념할 것이고, 세상은 바꾸었는데 나는 그대로라면 그 간극의 기만에서 헤어나지 못할 것이다. 그래서 수도자와 혁명가의 삶은 둘 중 하나를 선택해야 하는 대립적인 것이 아니라 상보적임을 이해할 때 진정한 변화를 모색할 수 있다. 이 둘을 함께 모색하지 않는 것은 흡사 아무것도 하지 않겠다는 것과 다름없다. 겸애가 실행된 것이 역사에 분명한데, 황당한 비유를 대며 현실에서 실행 불가능하다고 했던 유가의 태도처럼 말이다.[45]

"묵자가 노나라로부터 제나라에 들러 친구를 방문했더니 그

---

44 철호,《살림학 얼과 길》(밝은봄, 2024), 130~131쪽

친구가 묵자에게 말했다. '오늘날 천하에는 의를 행하는 사람이 없는데 자네는 홀로 괴로움을 무릅쓰고 의로움을 행하고 있네. 이제는 자네도 그만두게나!' 묵자가 말했다. '지금 여기에 한 사람이 있는데 자식이 열 명이나 되어 한 사람이 농사를 지어 아홉 식구를 부양해야 할 처지라면 그는 농사일을 더욱 힘쓰지 않으면 안 될 처지가 아닌가? 왜냐하면 식구는 많은데 농사꾼은 적기 때문이네. 오늘날 천하에는 의를 행하는 이가 없으니 자네는 마땅히 나에게 더욱 힘써 의를 행하기를 권면해야 하거늘 어째서 나를 말리는가?'" _《묵자》 귀의

나를 바꾸고 세상을 바꾸는 수도자와 혁명가의 삶은 외롭다. 이 삶을 사는 사람이 적게 느껴지기 때문이다. 가까운 친구조차도 아무도 하지 않는 부질없는 실천은 그만두라고 한다. 그렇게 행하는 사람이 없으니, 더욱 힘써야 하지 않겠느냐는 묵자의 대답에는 비장함이 느껴진다. 이러한 묵자가 송나라를 공격하려던 초나라 왕을 설득하여 전쟁을 막고, 집으로 돌아가는 길에 송나라를 지나치다 비를 피하고자 마을에 들어가고자 했으나 문전박대를 당한 이야기[46]는 씁쓸함마저 느끼게 한다.

"고석자가 말했다. '제가 그곳을 떠나온 것이 어찌 감히 도리를 저버린 것이오리까? 옛날 선생님께서 가르치시기를, 천하

---

45 "그러나 오늘날 군자들은 말한다. '옳은 일이다. 두루 평등하면 좋은 것이다. 그렇지만 실행할 수 없는 일이다. 타이산을 끼고 황허를 뛰어넘는 것과 같은 것이다.' 묵자가 말했다. '이것은 비유가 될 수 없다. 대저 타이산을 끼고 황허를 뛰어넘는다는 것은 빠르고 엄청난 힘이 있다 해도 자고이래로 그것을 행한 사람이 없었다. 하물며 평등하게 서로 사랑하고 서로 이롭게 하는 것과는 다른 것이다. 그러나 평등한 사랑(겸애)은 옛 성왕들께서 이미 실행했던 것이다.'" _《묵자》 겸애

에 도가 없으면 어진 선비는 후한 자리에 머물지 않는다고 하셨습니다. 만일 위나라 왕이 무도한데도 제가 그의 녹과 벼슬을 탐낸다면 이것은 제가 남의 곡식을 먹는 것과 같습니다.' 묵자가 기뻐하며 수제자 금골희를 불러 말했다. '잠시 이 사람을 보라! 대저 의로움을 버리고 녹을 숭상한 자는 내 일찍 들었으나 녹을 버리고 의로움을 숭상한 자는 이 사람 고석자에게서 보았구나!'" _《묵자》경주

하지만 이 삶을 한결같이 살다 보면 한 명 두 명 한 길 걷는 이들이 생긴다. 그리고 많은 길벗들이 곳곳에 있음을 알게 된다. 묵자에게는 이미 함께했던 수제자 금골희가 그러하고, 그렇게 살기로 결정한 고석자가 그러하다. 그래서 이 삶은 신명나는 잔치다. 유가의 통치철학으로 세워진 한(漢)나라 이후 역사에서 지워진 묵자가 남북조시대에 지어진 《천자문》에 등장하여 지금까지 전해 온 것도 참 신비로운 일이다.

무위자연의 도를 따르고 덕을 드러내어 소국과민의 세상을 이루고자 한 노자, 겸애 공동체를 이루어 천하에 남이 없는 안생생 사회를 꿈꾼 묵자, 수심정기 하여 유무상자의 관계를 맺어 문명의 다시개벽을 도모한 동학, 그리고 하늘 땅 사람 더불어 살리고 사는 두레와 마을로 한몸 이루어 살림생태계를 일구는 살림꾼과 살림길벗들. 이들의 공통점은 '생명답지 않게 살아가게 하는 통념이 지배하는 현실에서 깨어나' 새로운 삶의 길을

---

46 "초나라 왕이 말했다. '좋소. 나는 송나라를 공격하지 않겠소.' 묵자는 이렇게 초나라의 공격을 중지시키고 돌아가는 길에 송나라를 지나게 되었는데 마침 비가 내려서 그곳 마을 문 안에서 비를 피하고자 했다. 그러나 마을 문지기가 그를 들여보내 주지 않았다. 그래서 옛말에 이르기를 '사람들은 다스림이 신묘한 이의 공은 모르고 싸움에 밝은 이의 공로는 알아 준다'고 말하는 것이다." _《묵자》공수

낸 것이다. 그 비결은 새 삶을 향한 뜻을 현실화하는 '관계'와 그 뜻을 일깨우고 더 나아가게 하는 '공부와 수련의 일상화'라는 슬기에 있다. 수행하는 일상의 뿌리 가운데 변혁적 실천을 함께하며 새 길을 내딛는다. 수도자의 영성과 혁명가의 역사의식을 함께 품고 살아간다.

2장

생명살림의 근본, 하늘땅살이

하늘 땅 사람 서로 살리는 생명살림 농(農) 운동

1. 반생명문화와 생태계 파괴

"네가 먹는 것이 곧 너이다"라는 말이 있듯이, 우리가 먹고 입고 소비하는 생활양식은 우리 삶의 모습뿐 아니라 우리가 살아가는 문명 전체를 돌아볼 수 있는 중요한 단서가 된다. 우리가 무엇을 어떻게 먹는지를 살펴보면, 그 속에 담긴 역사와 가치관 그리고 삶의 방식이 자연스럽게 드러난다. 결국 먹거리는 단순한 생존을 넘어 우리가 어떤 세상을 만들고 살아가고 있는지를 보여 주는 거울인 셈이다.

현대사회는 근대 산업화와 자본주의 흐름 속에서 본래 하늘과 땅, 인간이 더불어 살아가던 삶의 질서를 잃고 말았다. 인간은 점점 개체화되고 서로 분리되었으며, 모든 관계는 상품화되어 경쟁과 소비, 자본 증식을 위한 수단으로 전락했다. 농업, 교육, 경제, 문화, 복지 등 삶의 전 영역은 자생력을 잃고 자본과 도시문명에 깊이 종속되었으며, 생명을 살리고 평화를 지켜 내는 능력마저 근본부터 훼손되었다. 대기, 수질, 토양오염과 같은 환경문제는 물론, 빈부 격차, 열악한 노동환경, 물질만능주의, 인간 소외와 정신적 빈곤 등 다양한 사회적 병폐가 날로 심각해지고 있다. 자본의 힘과 지배 앞에 무력해졌고, 생명을 해치는 힘과 반생명적 문화에 익숙해져 버렸다. 살림의 가치를 하찮게 여기며 생명, 살림, 농어촌을 소외시키는 문화가 그 예이다.

신종플루, 메르스, 코로나19와 같은 전염병의 확산은 21세기 문명이 근본적 전환을 요구하고 있음을 보여준다. 여기에 더해 넘쳐나는 쓰레기, 미세먼지·미세플라스틱·기후위기 등 지구 공동체 전체를 위협하는 문제는 우리에게 근본적인 질문을 던진다. '생명이 생명답게 살 수 있는 길은 무엇인가? 다음 세대는 어떻게 살아갈 것인가?'

우리는 이제 모든 생명이 서로 연결된 하나의 유기체이며, 더불어 살아가는 생태계의 소중함을 절실히 깨닫고 있다. 생태계를 파괴하는 생활양식을 바꾸지 않는다면, 인류는 지속적인 위기와 질병에 시달릴 수밖에 없다. 화학적 백신과 치료제는 바이러스를 근본적으로 이길 수 없다. 백신과 치료제가 개발되는 순간, 또 다른 변종 바이러스가 나타나기 때문이다.

근본적인 해결책은 기술적 처방이 아니라, 하늘 땅 사람이 서로 살리며 공존하는 생태적 삶에 있다. 우리는 이를 '생태백신'이라 부른다. 생태백신은 하늘 땅 온생명 서로 살리는 생성변화 원리와 몸에 대한 이해력, 양생의 도를 실천하고 자연치유력을 증진시키는 생활양식이다. 즉, 생명과 생명이 이어지는 순환과 조화의 질서를 회복하는 삶의 방식이며, 인류가 직면한 문명 위기를 넘어설 유일한 길이다.[1]

이제 우리는 하늘과 땅, 사람이 서로를 살리는 생태적 삶의 질서를 회복하고, 인간과 자연이 공존하며 지속가능한 삶을 모색해야 한다. '생태문명, 생명평화의 삶을 어떻게 만들어 갈 것인가?'에 우리의 미래가 달

---

1 철호, 《살림학 얼과 길》(밝은봄, 2024), 82쪽

려 있다. 코로나19 팬데믹은 반생명적 문화와 죽임의 문명을 멈추라는 강력한 경고였다. 동시에, 생태계 위기를 자각하고 새로운 길을 모색할 계기를 주었다. 오늘날 인류는 심각한 기후변화, 환경 파괴, 정신적 빈곤 그리고 반생명문화라는 복합적 위기에 직면해 있다. 이러한 상황은 문명의 대전환을 요구한다. 이제 우리는 기존의 반생명적 생활양식에서 벗어나, 생명과 평화를 중심에 둔 새로운 삶으로 나아가야 한다. 이를 위해서는 역사 속에 축적된 지혜를 발굴하고, 이를 오늘의 현실과 연결하는 작업이 필요하다. 생명살림의 근본을 깨닫고, 하늘 땅 온생명이 조화롭게 공존하는 생태적 삶을 회복해야 한다.

이 과정에서 우리는 공시적(동시대적) 시각과 통시적(역사적) 시각을 함께 갖추어, 현재의 문제를 분석하고 옛 지혜를 현대적으로 재해석하여 실천 가능한 대안을 마련해야 한다. 문명 전환기는 단순한 선택이 아니라, 인류의 생존과 존엄을 지키기 위한 필연적 과제이다. 지금이야말로 새로운 각성과 결단으로 잃어버린 생명과 정신을 되찾아야 할 때다.

2. 하늘 땅 사람 온생명의 회복과 살림

'살림'은 단순한 생활이 아니라, 생명을 살리는 실천을 의미한다. 그리고 그 실천을 수행하는 주체가 바로 '사람'이다. 사람이 생명을 살리며 살아가는 행위, 그 살림살이가 곧 '삶'이다. 생명은 언제나 다른 생명의 살림살이에 의존해 살아가며, 동시에 또 다른 생명을 살리며 존재한다.[2]

---

2 앞의 책, 13~14, 31~32쪽

생명은 하늘과 땅을 통해 태어나고, 서로 다른 생명을 살리는 생기(生氣) 작용을 통해 자라난다. 외부 환경과 끊임없이 소통하며 다음 세대로 이어진다. 이러한 상호작용과 연결, 조화와 균형, 순환(되먹임), 자기정화와 자가치유력은 자연이 지닌 생명력의 본질적 특징이라 할 수 있다.

온생명의 회복은 '하늘땅살이'[3]에 뿌리를 두며, 하늘땅살이하는 삶에서 가장 근본되는 것이 농(農)이다(농자 천하지대본農者天下之大本).[4] '농(農)'은 단순히 농사나 농업을 의미하는 것이 아니라, 생명을 살리고 이어 가는 근본적 가치 자체를 내포한다. 예로부터 논밭에서 생명을 살리는 일을 농사라 했고, 가정에서 생명을 이어 가는 일을 자식농사라 일컬었다. 농(農)은 삶의 모든 영역에서 살림과 생명의 가치를 구현하는 의미가 있다. '낳다, 생기다'라는 뜻을 표현할 때 고대에는 '생(生)'보다 '산(産)'을 사용했다. 추상적인 개념을 형성하는 글자에도 생명은 누군가의 살림과 생산 활동을 통해 이어진다는 인식을 반영했다고 볼 수 있다. 인간이 몸으로 생명살림을 가장 깊이 체험하는 순간은 임신, 출산, 육아의 과정이다. 아이를 품고 낳고 기르는 과정에서 우리는 생명의 경이로움을 목도한다. 한 생명이 어린이에서 푸른이(청소년)로, 다시 어른으로 성장하고, 결국 노년과 죽음을 맞이하는데, 이는 하늘땅살이 원리와 아주 닮아 있다.

해, 물, 바람, 흙은 생명이 자라나는 데 없어서는 안 될 요소이다. 아

---

3 하늘땅살이는 '하늘과 땅 사이에서 일어나는 생명살림, 농생활(農生活)'이라는 뜻을 담아 새로 짓고 부르는 말로, 생명의 바탕이 되는 하늘 땅 사이에서 온생명과 더불어 살아가는 삶의 모습·양식을 일컫는다.

4 고대 중국의 한서(漢書) 문제기(文帝記) 조서(詔書)에서 유래되었으며, 이후 우리나라에서도 널리 사용되었다. 농업은 단순한 식량 생산을 넘어 환경, 문화, 경제 등 다양한 측면에서 중요한 역할을 했다.

아주 작은 씨앗 하나가 자연계의 기운을 받아 자라나, 마침내 신선한 열매를 맺는 과정은 그 자체로 경이롭다. 자연과 조화롭게 살아가는 삶은 자연의 흐름 속에서 사는 것이다. 하늘땅살이에서 보면, 가을은 단순한 수확의 계절이 아니라 다음 생명의 시작을 준비하는 시기이다. 씨앗을 갈무리하고, 그 씨앗이 다시 싹을 틔워 열매를 맺고, 또다시 씨앗이 되는 순환의 고리를 이어 간다.

토박이씨앗[5]으로 기른 작물 중에 본래 형질에 가장 가까운 것을 씨무, 씨배추로 골라 겨우내 땅에 묻어 보았다. 이웃들과 꽁꽁 언 땅을 함께 파서 씨무, 씨배추를 묻었다가 날이 따뜻해지면 꺼내서 땅에 심는다. 봄에 꽃대를 올리면 30배, 60배, 100배의 씨앗으로 늘어난다. 새로 거둔 씨앗으로 늦여름 또는 초가을에 심어 겨울에 먹을 김장을 하는데, 1년 내내 지속되는 이 과정이 참 신비롭다.

토박이씨앗을 지키고 이어 가는 마을 할머니들을 만나 뵐 때면 그 씨앗이 채워 준 입맛을 잊지 못하신다. 살기 팍팍한 시절에도 씨앗 챙기는 일을 놓지 않았던 건 길러 먹는 동안 자연과 함께 살아온 기억의 축적이 몸에 있기 때문이다. 몸에 새겨진 생명의 기억과 자연에 대한 존중은 토박이씨앗 하나하나에 배어 있다.

한 생명이 자라는 데 온생명이 관계 맺고 연결되어 있으며, 저마다 생명들이 나고 성장하고 순환하는 원리가 있음을 깨닫는다. 밭갈기, 씨뿌리기, 거름주기, 솎아주기, 순지르기, 갈무리 등의 과정이 있다. 너무 빼곡하면 솎아주고, 영양분이 골고루 가도록 가지들을 잘 쳐주고, 씨앗

---

[5] 우리나라 기후와 흙에서 적응해 길게 자라는 동안 그 특성이 잘 담겨 있는 씨앗을 말한다. 오래전부터 이어 온 씨앗으로서 진주대평무, 무릉배추와 같은 고유한 씨앗 이름이 있다.

을 갈무리하고, 또 뿌리들이 잘 퍼지게 함으로써 생명의 재생산이 이루어진다.

하늘땅살이는 우리가 어디에 서서 살아가며, 우리 삶을 지탱하는 근원은 어디서 출발하는지 자연스레 묻게 한다. 밭생명뿐 아니라, 생명사건이 일어나는 일상 속에서 다른 생명을 살리며 살고 있는지 돌아보게 한다. 하늘을 잊은 삶, 땅에서 뿌리 뽑힌 삶은 사람이 생명답게 지낼 수 없다. 작물을 길러 남들과 맛있게 나누어 먹는 것도 하늘땅살이하는 큰 즐거움 가운데 하나이다. 크고 좋은 작물을 거두는 것보다 함께 나누는 만족감이 훨씬 크다. 하늘땅살이는 하늘과 땅, 사람의 관계를 이어주고 회복하기 위한 실천이다.

3. 생명살림의 뿌리: 노자, 묵자, 동학의 지혜

노자, 묵자 그리고 동학은 온생명과 더불어 살아가는 지속적 생명활동을 담고 있는 생명운동이다. 이들은 생명의 이치를 깊이 이해하고, 이를 삶 속에서 구현하려는 구체적 실천을 강조했다.

이 사상들의 특이성은 세 가지 측면에서 볼 수 있는데 첫째, 새로운 사상적 전환을 향한 창조성을 지녔다는 점이다. 이들은 기존 통념을 넘어선 지혜, 생명 중심의 새로운 대안을 제시했다. 둘째, 이들은 모두 유기적 관계성에 기반을 두고 있다. 하늘을 공경하고, 땅에 깃든 생명력을 고양시키고, 더불어 사는 사람들이 평화롭고 행복한 삶을 일구어 가기를 지향했다. 마지막으로, 관념에 머물지 않고 주체적 실천으로 이어졌다는 점이다. 사상은 삶으로 구현될 때 비로소 힘을 갖는다. 노자와 묵자, 동학은 혼란한 시대에 위기를 극복하는 새로운 대안은 물론 삶에서 전환을 이루어 냈다. 오늘날 우리는 이들의 얼과 구체적 실천을 다시 살펴야 한다. 그 속에서 우리 시대에 필요한 생명살림의 가치를 발견하고 삶에서 이어 간다면, 온생명이 평화롭게 공존하는 생명살림 생태계를 열어 갈 수 있을 것이다.

❶ 노자, 하늘 땅의 이치를 따르는 삶

노자는 실재하는 모든 생명을 변화하는 과정으로 보았고 그 궁극의 원리를 '길(道)'이라고 표현했다. 도(道)는 음(陰)과 양(陽)이 서로 대립하면서도 상보적인 관계에 있는 순환적 활동의 주기성을 통해 통합한다. 음과 양은 우주의 궁극적인 생명인 태극(太極)의 양극이며, 모든 변화는 사회적, 심리적, 자연적인 그 어떤 것이든 음과 양의 순환적 파동으로서 끊임없이 점진적으로 진행한다. 자연은 외적인 힘뿐 아니라 두루 내재해 있는 음과 양의 균형에서 질서를 갖게 된다. 하늘 땅 사람은 '스스로 그러한 길' 속의 한 계기로서 서로 이어져 있고, 사람은 하늘과 땅의 스스로 그러한 길을 따라 사는 존재다.

격동적인 변혁기인 춘추전국 시대에 천자의 절대적 권위를 뒷받침하던 천명관이 붕괴되고, 천자의 지배 아래 유기적 관계를 유지하던 천하관 역시 무너졌다. 피지배 계층이 부와 권력을 형성할 수 있게 되면서, 기존 질서가 흔들리고 새로운 사회적 관계 정립이 절실해졌다. 이 혼란 속에서 노자는 하늘 땅 사람이 생성변화하며 서로 살리는 길(도道)을 깨닫고, 그 길을 따르는 삶을 '무위(無爲)'라 했다. 무위는 흔히 오해되듯 '아무것도 하지 않는 소극적 태도'가 아니다. 오히려 자연의 이치를 거스르지 않고, 그 질서에 순응하며 살아가는 적극적 실천을 의미한다.

노자는 당시 사회 혼란의 근본 원인을 인위(人爲), 즉 하늘의 길을 거슬러 사회를 하나의 체계로 강제 통일하려는 통치 방식에서 찾았다. 그는 인간의 오만과 독선, 과도한 인위와 강제, 지배 욕망을 내려놓고, 하늘의 이치에 따라 상보적 관계, 순환, 음양의 균형과 조화를 이루는 삶을 제시한다. 이는 단순한 정치철학을 넘어, 생명과 자연의 질서를 회복하는 문명적 대안이었다.

"무위를 실천하면 다스려지지 않는 것이 없다." _《도덕경》 3장

"하늘에 부합하는 일이 곧 자연의 이치이다. 자연의 이치대로 하면 오래 갈 수 있으며, 죽을 때까지 위태롭지 않다."
_《도덕경》 16장

노자는 천하에 지나친 인위와 강제, 욕심으로 도가 실현되지 않아 나라정치가 혼란스러우면 말들이 부족해서 임신한 말까지 전쟁에 참여시키고, 전장에서 새끼를 낳는다고 했다. 반면에, 천하에 도가 실현되면 전쟁에 쓰이는 말로 사람들이 평화롭게 농사를 지을 수 있으니, 전쟁의 폐해가 뭇 생명에 미치는 영향이 실로 크다고 했다. 땅에 평화가 임했을 때 흉년으로 굶주리거나 핍절하지 않고 더불어 사는 생명들이 행복할 수 있다는 이치를 노자는 아래와 같이 전한다.

"백성으로 하여금 노끈을 매듭지어 쓰게 하고 그 음식을 달게 먹으며 그 옷을 아름답게 입으며 그 거하는 곳에서 평안하며

그 풍속을 즐기게 한다." _《도덕경》 80장

"세상에 도가 실현되어 있으면 전쟁에 쓰이던 말로 농사를 짓고, 세상에 도가 실현되어 있지 않으면 말들이 전선에서 새끼를 낳는다." _《도덕경》 46장

노자는 인위와 강제로 이기심을 추동하는 국가체제 자체를 새롭게 사고했다. 함께 밥을 나누어 먹는 것을 형상한 마을(향鄕), 함께 일구는 삶터(밭)를 형성한 나라(방邦)의 가치를 중심으로 국가에 대한 생각을 재구성하는 것이다. 하늘 땅 사람 어우러지는 단순 소박한 삶에 뿌리내린 생명살림터(마을)가 《도덕경》이 제시하는 나라의 모습이었으며, 이를 통해 생명평화 일구려는 실천에 몸담았다.[6]

❷ 묵자, 하늘로 말미암은 겸애와 현실개혁

묵자는 우주, 생명, 하늘에 대해 생명을 물질적인 형체와 정신적인 지각이 머문 곳이며, 시간적인 우주와 공간적인 우주가 충만해지려는 운동으로 정의했다. 하늘은 치우침 없이 생명을 두루 평등하게 사랑하고, 충만하고 이롭게 한다. 옛날부터 하늘이 두루 평등하게 그들을 보전해 주고, 성실하게 그들을 먹이며 충만하게 하므로, 남도 자기처럼 대할 수 있다고 했다.[7] 묵자는 '모두를 사랑하고 서로에게 이롭게 한다'는 겸애를 강조했는데, 겸애 사상의 핵심은 하늘이 서로 미워하는 것을 바라지 않고 두루 평등하게 사랑하고 서로 이롭게 하니, 그러한 하늘을

---

6 철호, 《살림학 얼과 길》(밝은봄, 2024), 127~128쪽

본받는 데 있었다.[8] 따라서 묵가의 제자들은 하늘이 두루 평등하고 이롭게 하는 생산활동을 원활하게 하는 데 힘썼다. 농사를 짓는 일뿐 아니라, 관개시설이나 농기구 개선 등 기술적인 부분도 직접 고안하고 제작했다. 당시 장례를 중요시하는 유가에 대해서는 3년 상을 치르면 농사를 못 지으니 안 된다고 비판하고, 비싼 악기를 사서 음악 놀이를 하는 것도 낭비라고 주장했다.

"그러면 누가 고귀하고 누가 지혜로운가? 하늘만이 고귀하고 하늘만이 지혜로울 뿐이다. 그러므로 이로움은 결국 하늘부터 나오는 것이다. (…) 진실로 도를 지키고 백성을 이롭게 하고자 한다면 어짊과 의로움의 뿌리인 하늘의 뜻을 본받고 살펴 삼가 따르지 않으면 안 되는 것이다." _《묵자》천지 중

"하늘이 백성을 사랑하는 데에는 깊은 이유가 있음을 나는 안다. 하늘은 해와 달과 별을 두어 세상을 비추게 하고, 춘하추동 사계절을 그 이치로 삼으며, 서리와 눈과 비와 이슬을 내

---

7 "생명. 육체와 지각이 거처하는 곳이다. 생명이란 형체와 지각을 충만하게 하려는 것이다. 생명은 공간적인 우주와 지각이 분리될 수 없다." _《묵자》경·경설 상
"성실, 꽃과 열매가 무성한 것이다. 성실이란 하늘의 지기(志氣)가 밖으로 나타난 것이다. 남을 자기처럼 대한다." _《묵자》경·경설 상

8 "예부터 이르기를 하느님을 법도 삼는 것보다 더 좋은 것은 없다고 한다. 하나님의 도는 넓고 사사로움이 없으며 베풂은 크지만 덕이라 자랑하지 않고 밝음은 영원하여 쇠함이 없다. 그러면 하늘은 무엇을 바라고 무엇을 싫어하는가? 하늘은 반드시 사람들이 서로 사랑하고 서로 이롭게 하기를 바라며, 서로 미워하고 서로 해치는 것을 바라지 않는다. 무엇으로써 하나님은 사람들이 서로 사랑하고 이롭게 하기를 바라고, 서로 미워하고 해치는 것을 바라지 않음을 알 수 있는가? 하나님은 그들을 두루 평등하게 사랑하고 두루 평등하게 이롭게 해주기 때문이다." _《묵자》법의

려 곡식과 비단과 삼을 익게 하여 백성에게 필요한 것을 공급한다." _《묵자》 천지 중

묵자는 자연현상이나 생명 유지에 필수적인 관념인 오행을 다루는 지점에서 새로운 관점을 제시한다. 오행은 우주 만물의 다섯 가지 기본 요소인 목(木), 화(火), 토(土), 금(金), 수(水)의 기운으로 이루어지는데, 동북아 철학에서 이들은 서로 상생상극하며 상호 생성되고 변화한다고 본다. 반면 묵자는 오행(五行)을 오합(五合)이라 했다. 이는 만물의 이치가 다섯 가지 요소이고, 각 요소는 서로 사이좋게 결합하며 이롭게 순환하고 작용한다고 보았음을 알 수 있다.

"오행(五行)은 항상 이기는 것은 아니다. 오행은 서로 사이좋기 때문이다. 오행은 서로 결합한다. 물은 불을 토한다. 물이 붙어 타기 때문이다. 불은 쇠를 녹인다. 불이 성한 것이다. 쇠는 나무를 쓰러뜨린다. 쇠가 성한 탓이다. 흙은 물을 흐르게 한다. 흙이 성한 탓이다. 만약 사슴과 물고기 등 자연의 이치를 안다면 오직 서로 이로울 뿐이다." _《묵자》 경·경설 하

묵자는 관념에만 머무르지 않고 개혁적인 실천을 했다. 고르게 순환하지 못해 한쪽으로 치우친 경제나 사회 구조를 동시에 비판했다. 무엇보다 전쟁을 강력히 반대했다. 전쟁은 인명 피해뿐 아니라 농경지를 황폐화하고 생산 활동을 중단시키는 등 백성의 삶에 막대한 피해를 가져왔기 때문이다. 전쟁은 농업 생산에 미치는 직접적인 폐해뿐 아니라 백성들의 삶과 나라의 근본을 위협하는 행위임을 분명히 했다.

"지금 군사를 일으키려 한다면 겨울에는 추위가 무섭고 여름에는 더위가 두렵다. 그래서 겨울과 여름에는 군사를 일으키지 않는다. 그렇다고 봄에 군사를 동원하면 백성들이 밭 갈고 씨 뿌리는 농사를 망치고 가을에 동원하자니 백성들의 추수를 망친다. 그래서 봄과 가을에는 군사를 일으키지 않는다. 만약 백성들이 한 철을 망치면 굶주리고 헐벗어 얼어 죽고 굶어 죽는 자가 얼마나 많을지 헤아릴 수 없을 것이다."
_《묵자》비공 중

묵자에게 농(農)은 단순히 생계를 위한 것이 아니라 사회 전체의 이익을 위해 아주 중요한 활동이었다. 개별적인 이익추구가 아니라 어진 이를 통해 상호 이로움을 추구하고 모두가 평화로운 안생생 사회를 이루려 했던 것이다. '천하에 남이란 없다'고 하며, 만민이 평등하고 전쟁이 없고 모든 생명이 안락하게 살아가는 안생생 대동사회를 지향했다. 묵자가 꿈꾸는 안생생 사회는 노동이 소외되지 않는 공유(共有), 공산(共産), 공생(共生)의 평화공동체였다.[9]

"어진 자가 마을을 다스리면 아침 일찍 일어나 늦게 들어가고 밭 갈고 김매고 과수와 채소를 가꾸고 콩과 조를 거두니 이로써 곡식은 많아지고 백성은 식량이 풍족하다." _《묵자》상현 중

"어질게 되는 길은 무엇인가? 힘이 있으면 부지런히 백성을 돕고 재물이 있으면 힘써 백성에게 나누어 주고 도리가 있으

---

9 기세춘,《묵자(墨子)》(바이북스, 2009), 277~281쪽

면 권면하여 가르치는 것이다. 이리되면 배고픈 자는 먹을 것을 얻을 것이요, 헐벗은 자는 옷을 입을 것이요, 피로한 자는 쉴 것이요, 어지러운 것은 다스려질 것이다. 이것을 '안락한 생명 살림'이라고 한다."_《묵자》상현 하

❸ 동학, 생명을 모시고 키워 살리는 삶

동학은 우리 민족이 봉건적 질곡과 외세의 억압에 신음하던 시기에 등장했다. 동학의 하늘사상은 단지 수운 최제우와 해월 최시형의 깨달음에서 비롯된 것이 아니다. 이는 수천 년간 이어져 온 하늘의 상(像)이 민족의 암울한 전환기에 새롭게 모셔져야 하는 하늘로 다시 나타난 것이다. 동학에서 하늘은 단순히 이해의 대상이 아니었다. 그 안에 동참하고, 나누어 받아 체험해야 하는 생명이었다. 하늘과 사람과 만물이 모두 '한 생명'이라는 우주적 자각을 일으켰다. 생명을 모시고(시천侍天) 키워 살림으로써(양천養天) 모든 생명을 생명답게 하는 체천(體天)의 도를 설파했다.[10]

동학은 하늘 기운이 온 우주 만물에 두루 퍼져 작용하고 있으며, 온 우주 만물이 한 기운과 한 마음으로 꿰뚫어졌다고 보고, 자연의 변화와 생명의 순환 등 모든 현상이 하늘의 작용이 아님이 없으며, 정성과 믿음으로 살아갈 수밖에 없다는 깨달음을 가지고 실천했다. 해월 최시형은 일찍이 인간이 자연에 대해 공경심을 가짐으로써 자연과 생태적 균형을 이룰 수 있을 뿐 아니라 우주의 생성변화에 참여할 수 있다며 생태적 각성을 촉구했다.

---

10 한살림모임, 〈한살림선언〉(한살림, 1989)

"만물이 시천주 아님이 없으니 능히 이 이치를 알면 살생은 금치 아니해도 자연히 금해지리라. 제비의 알을 깨치지 아니한 뒤에라야 봉황이 와서 거동하고, 초목의 싹을 꺾지 아니한 뒤에라야 산림이 무성하리라. 손수 꽃가지를 꺾으면 그 열매를 따지 못할 것이요. 폐물을 버리면 부자가 될 수 없느니라. 날짐승 삼천도 그 종류가 있고 털벌레 삼천도 각각 그 목숨이 있으니, 물건을 공경하면 덕이 만방에 미치리라."

_《해월신사법설》 대인접물

"우리 도는 넓으면서 간략하고 마음을 자세하고 한결같이 함을 주로 삼나니, 넓고 간략하고 자세하고 한결같음은 정성·공경·믿음이 아니면 능치 못하리라."

_《동경대전》 좌잠, 《해월신사법설》 성경신

동학은 땅을 부모로 여겼다. 땅에서 나는 곡식을 소중히 여기고, 가장 일상적이면서도 고귀한 실체가 밥임을 깨달았다. 땅에서 나는 곡식은 사람과 하늘을 연결하고 사람을 먹여 살린다. 곡식으로 지은 밥을 내 안에 모신 하늘에 바치는 제사로 삼아 그 어떤 불치병, 사회적 질병, 인간 내면적 질병도 나을 수 있다고 보았다. '향아설위(向兒設位)', '식고(食告)' 등 일상적인 먹거리인 밥을 거룩한 제사로 승화시켰다. 밥 먹는 행위를 정성스럽게 모시는 고백으로, 모든 제사의 으뜸이자 핵심 수행법으로 여겼다.

"땅을 소중히 여기기를 어머님의 살같이 하라."

_《해월신사법설》 성경신

> "부모의 포태가 곧 천지의 포태니, 사람이 어렸을 때에 그 어머니 젖을 빠는 것은 곧 천지의 젖이요. 자라서 오곡을 먹는 것은 또한 천지의 젖이니라. (…) 사람은 오행의 빼어난 기운이요. 곡식은 오행의 으뜸가는 기운이니, 젖이란 것은 사람의 몸에서 나는 곡식이요. 곡식이란 것은 천지의 젖이니라."
>
> _《해월신사법설》 천지부모

해월 최시형은 "하늘이 사람의 마음속에 모셔져 있음은 종자(種子)의 생명이 종자 속에 있음과 같다"고 했다. 사람은 땅에 씨앗을 심어 기르듯, 자신의 마음밭에 심겨 있는 우주생명(하늘)을 길러야 한다는 것이다. 땅에 씨앗을 심고 거두어 먹으며, 그 곡식으로 다시 생명을 기르는 순환이 없다면, 사람을 살리는 도(道)에 대한 이해는 불가능하다. 사람은 자기 안에 포태된 생명의 씨앗을 잘 기르기 위해 자신이 일해 얻은 곡식과 밥으로 몸을 살리고, 그 힘으로 마음의 씨앗을 키워야 한다. 그리고 이 거룩한 생명은 나만의 것이 아니라, 모든 사람 안에 동일하게 모셔져 있다. 따라서 사람은 서로를 하늘로서 공경하고, 서로 모시며 기르는 존재다. "사람은 자기 안에, 다른 사람 안에, 자연 안에 모셔진 생명의 씨앗을 정성껏 기르는 노고를 아끼지 않을 때, 우주의 생명과 합일되는 시천을 수행할 수 있다." 이는 단순한 명제가 아니라, 생명과 생명이 서로 살리는 생태적 삶으로 나아가는 철학이라 할 수 있다.[11]

> "하늘을 양할 줄 아는 사람이라야 하늘을 모실 줄 아느니라.

---

11   앞의 글

하늘이 내 마음속에 있음이 마치 종자의 생명이 종자 속에 있
음과 같으니, 종자를 땅에 심어 그 생명을 기르는 것과 같이
사람의 마음은 도에 의하여 하늘을 양하게 된다."

_《해월신사법설》양천주

    동학에서 '사람이 곧 하늘'인 평등사회를 만들기 위한 구체적인 실천과 조직화는 두레였다. 삶의 터전에서 두레들은 일꾼을 자체적으로 선출하고, 상의하고 토론하며 농사 계획을 짜고, 일과 책임을 분배하면서 서로 도우며 살 궁리를 함께했다. 두레조직이 체계화된 것은 절기나 노동주기와 관련이 깊다. 주로 모심기와 김매기에 두레가 조직되었고 힘든 일을 해가는 과정에 어려움을 풀고 서로 간 재생산에 활력을 주기 위해 일과 놀이를 결합했다. 호미씻이 놀이, 단오나 백중절기에 풍물과 대동놀이를 벌이고, 수확 이후 겨울로 접어든 정월대보름에는 지신밟기와 달집 동제로 마을의 화합과 안녕을 기원했다.

4. 밝은누리 하늘땅살이 운동 연구

    다음 글에서는 노자, 묵자, 동학의 사상과 더불어 생명살림의 실재를 담고 있는 밝은누리 하늘땅살이 운동을 살펴보고자 한다.[12] 밝은누리는 생명살림의 가치를 중심에 두고, 농촌과 도시가 서로 살리는 삶을

---

12 이 하늘땅살이 운동 연구에 나오는 구체적인 사례는 공동체지도력훈련원 고운이들 생태모둠 〈밝은누리 생태운동—하늘땅살이(농생활)를 중심으로〉(2022)의 연구 결과물과 살림학연구소 첫돌잔치에서 발표한 '마을에 터한 농(農), 농(農)에 터한 마을', 〈살림꽃—살림학 토론회 자료집〉(2024)을 바탕으로 정리했다.

만들며 경제·교육·정치·복지·문화 등 삶을 근원에서부터 성찰하고 새롭게 살아가는 실천을 이어 왔다.

밝은누리의 농생활(農生活)은 단순히 농촌에서 농민으로 사는 삶이 아니다. '농도상생(農都相生) 마을공동체'를 이루어, 도시와 농촌이 서로 살리며 함께 살아가는 새로운 생활양식을 지향한다. 농생활 영성을 토대로 농과 도시는 생명을 살리고 그 생명에 의해 다시 살림받는다. 밝은누리는 이를 통해 온생명이 평화롭게 공존하는 생태문명의 희망을 일구어 가고 있다.

❶ 밝은누리 하늘땅살이 운동 흐름

° 밝은누리 하늘땅살이 운동의 시작 (2003~2009년)

밝은누리는 청년들이 결혼하고 아이를 낳아 기르면서 일상에서 쉽게 선택하는 먹을거리와 습관을 돌아보고 마을에서 함께 실천할 수 있는 새로운 생활양식을 제안하고 실천했다. 자본과 문화, 의료권력이 만들어 낸 조작된 욕망과 불안에 기인한 왜곡된 현실을 보며, 삶에서 잃어버린 밥상의 소중함과 정성을 되찾고자 했다. 더불어 임신과 출산을 앞둔 이들이 생명맞이를 새롭게 배우고, 아이와 자기 몸을 돌볼 때 필요한 지혜, 몸과 마음을 맑게 하는 단식과 생채식 공부도 함께했다. 이러한 노력들의 특이성은 개개인의 건강이나 양생에 초점을 두기보다 마을에서 함께 대안적 생활양식을 만들어 가는 바탕 위에 생겨났다는 점이다. 이런 흐름은 자연스레 땅에 터한 삶과 농에 기초한 생활양식으로 마을살이를 일구게 했다.

흙에 터한 마을살이 토대를 마련하는 일과 동시에, 농촌과 도시가 서로 살리는 농도상생 마을공동체를 회복하고자 2007년 첫 분립·개척을 시도했다. 당시 밝은누리에서는 많은 이들이 단식과 날푸성귀밥상으로 몸과 마음, 삶을 돌아보며 전환의 때를 앞두고 저마다 꿈과 희망을 나누었다. 새로운 생활양식을 위한 몸수련을 이끌었던 수연 님은 '식량주권을 위한 토종 종자 살리기' 운동, '수도원 설립', '생명평화운동' 등의 꿈을 나누었는데, 이는 후에 마을수도원과 농생활연구소, 농생활소농연대, 농생활수련공동체인 하늘땅살이움터, 피정공간 '짓는때곳'으로 이어지는 중요한 영감이 되었다.

이후 인수마을에 2009년 3월에는 마을수도원, 4월에는 마을서원을 열었다. 그러던 가운데 신종플루가 퍼졌다. 밝은누리는 국가 시행 요구보다 앞서 스스로 삼가며 철저하게 방역하는 삶을 실천했다. 이미 아이를 품고 낳아 기르면서 의료 권력이나 국가 정책을 일방적으로 따르기보다 각 생명의 고유성을 존중하는 실천을 마을문화로 정착한 결과였다. 여럿이 모이는 일을 피하고 온날(100일) 침묵으로 성찰하며 보낸 흐름은 도시문명을 성찰하고 홍천마을과 하늘땅살이를 시작하게 된 중요한 바탕이 되었다.

° **농생활연구소와 농생활소농연대 (2010~2013년)**

농도상생 마을공동체를 준비한 밝은누리는 2010년 홍천 서석면 아미산자락에 둥지를 틀었다. 하늘땅살이, 교육, 생태건축을 맡은 이들로 구성된 선발대는 학교 준비와 함께 터전을 일구며 마을살이를 시작했다. 2010년 7월 7일 이들은 첫 모임을 한 뒤, 먼저 집 안 화장실 변기를 뜯어내고 뒷간과 거름자리를 마련했다. 하늘 땅이 준 생명을 들인 우리 몸에서 나온 오줌과 똥을 다시 밭으로 되돌려 흙생명과 우리 몸을 살리는 생명순환 하늘땅살이 하겠다는 선포였다. 어디서부터 왔는지 알 수 없는 가축 분뇨나 퇴비, 화학비료를 쓰지 않고 천천히 흙을 살리는 뜻에 마음이 모였고, 인수마을에서도 밥상부산물과 오줌을 모아 홍천으로 보냈다. 홍천마을 개척을 알리고 기뻐하는 첫 모임에서는 저마다 모아 온 오줌을 두엄통에 부었다. 도시 일상에서도 생명순환을 실천하고 농촌과 도시가 서로 살리는 관계가 될 수 있음을 뜻하는 시간이었다.

그렇게 터전을 일구기 시작한 7월, 함께 공부하는 자리에서 농생활연구소를 꾸리는 기획안이 나왔다. 새로 열린 홍천마을에서 농생활연구소의 꿈과 기획은 하나씩 현실이 되었다. 귀촌 생활에 필요한 실제를 정리해 나누고, 동광원 등 하늘땅살이하며 수련하는 분들을 찾아가 삶을 배웠다. 하늘땅살이하며 겪어 가는 일상을 '귀촌이야기'로 엮어 누리집에 올리며 한몸 이루어 살아가는 이들과 소통했다.

2010년, 한 해 하늘땅살이를 돌아보며 농생활달력 '하루를 천년같이'를 함께 만들었다. 농생활연구소가 하늘땅살이 흐름에 알맞은 때를 찾아 정리해 농사력의 뼈대로 삼고 소농들이 글과 그림을 담았는데, 이는 국가나 자본 시장에서 안내하는 농사력과 농사법, 겉꾸밈에 그저 끌려가지 않겠다는 철학이 녹아 있다. 농사력에는 모종과 비닐하우스가 기본인 관행 농법과 달리, 한데 곧뿌려 심는 농법으로 여러 해 거듭하며 직접 알게 된 것들이 담겨 있다.

이렇게 농생활연구소와 소농들이 함께 지은 농생활 절기달력은 밝은누리 하늘땅살이 운동을 전하는 좋은 선물이 되었고, 그 수익금은 숲과 농토를 지키고 소농이 토박이씨앗을 이어 가며 자족하는 삶을 꾸리는 데 쓰였다. 이는 소농들이 추구하던 가치를 끝까지 밀고 나가려 할 때 필요한 재원이 되었고, 이렇게 농생활달력을 만드는 일은 강원도 홍천 중심으로 하늘땅살이하는 소농들의 경험과 지혜를 더해 지금까지 이어지고 있다.

> "우리가 밭에 들어가면 제일 먼저 하는 일이 무엇일까요. 온생명이 공존하는 농사이길, 흙의 생명에 기대어 살아가는 참된 용기를 지닌 사람이 되도록 염원하고, 소란스럽던 기운을 정화하는 침묵의 시간을 갖습니다."
> _'아름다운 마을 生活' 누리집 날적이

2011년 봄부터 초여름까지 농생활연구소는 생동중학교와 아름다운마을초등학교 하늘땅살이 수업을 이끌었다. 수업에 앞서 밭에 들어가 가장 먼저 하는 일은 흙과 생명에 귀 기울이는 것이었다. 하늘땅살이는 단순히 작물을 생산하는 농사가 아니라 온생명과 만나 몸과 마음이 온전히 새로워지는 배움마당이었다. 그해 여름에는 '온생명태교학교 움터'를 열었고, 청년아카데미와 연대하여 생명평화학교 농활에 온 청년들과 만나기도 했다. 도시민을 홍천에 초대해 하늘땅살이를 전하고 그 과정에서 만나는 생명들로부터 생기를 얻도록 도왔다. 꼭 이런 강의가 아니어도 주말이나 휴가 때면 홍천으로 울력과 피정 오는 이들이 있었다. 또한 서울 인수마을에서 생명밥상부산물을 홍천으로 꾸준히 전해주던 이들도 있었는데, 두루 여러 기회를 통해 귀촌 체험을 하며 홍천마을로 이주하는 젊은이들도 늘어 갔다.

한편 그해 가을, 농생활연구소는 좀 더 고요한 골짜기로 처소를 옮

겼고 농생활에서 마주하는 과제들을 깊게 고민하며 삶으로 풀어 나가는 일에 집중했다. 하루 끼니 수에 대한 고민, 냉장고 없는 삶 같은 도시문명에 대한 성찰을 포기하지 않았으며 가족들과 함께 대안적 삶을 시도했다. 겨울 농한기에는 숲과 흙 공부를 하며 하늘땅살이 운동의 새로운 영감과 동력을 얻고 이를 온생명 차원으로 넓혀 갔다.

농생활연구소는 연구소의 첫 뜻을 온전히 지키면서도 연구원들의 성숙과 성장을 추동하기 위해 독립시켰고, 이들을 농생활소농연대로 조직해 처음 농생활을 시작할 때 품었던 뜻을 지켜 가도록 도왔다. 농생활소농연대는 농사일에 전업한다는 조건보다는 농생활에서 자기 삶의 정신적 기반과 전망을 찾고 언제든지 생활과 관계를 재구성할 자세를 가진 사람이면 함께할 수 있는 모임이었다. 인수마을에서 새로 귀촌한 이들과 농사로 진로를 바꾼 이들이 하나둘 소농연대로 결합했고, 정기적으로 만나 서로 밭을 둘러보고 씨앗과 열매를 나누며 농생활 영성을 자연스레 익혔다.

처음 남새농사부터 시작했던 흐름에서 주곡농사를 마음먹은 것도 농생활연구소의 의미 있는 시도였다. 일상에서 몸에 많이 들이는 곡식 가운데 홍천 환경에 알맞은 밭벼 씨를 구했고, 비단 농사 과정뿐 아니라 곡식을 갈무리해 몸에 들이는 일도 자연을 따르며 생명을 살리는 철학과 일관하고자 수동으로 볍씨를 도정하는 방법을 모색했다.

° 밝은누리움터와 하늘땅살이움터 그리고 생명평화순례
(2014년~2019년)

마을 품에서 자란 학생들이 중학교를 졸업하는 때에 맞춰 2014년 고등대학통합과정으로 '삼일학림'을 열었다. 삼일학림에서는 생명살림을 배울 수 있는 관계와 터전에서 생기 있게 지내며 몸과 마음을 갈고닦는 일을 중요하게 가르친다. 하늘땅살이도 필수배움 중 하나여서 학교 둘레에서 농사짓고 밭생명 만나는 수업이 이어졌다. 하늘땅살이 철학과 밥상모심 따위, 관련 수업들이 열렸고 푸른이뿐 아니라 어른들도 학생으로 함께했다.

배움터가 자리 잡아 갈 때 토박이씨앗을 나누는 일뿐 아니라 우리말을 되살리고 일상에서 살려 쓰는 문화가 더욱 꽃피우며 '하늘땅살이'라는 말도 이때부터 본격적으로 쓰기 시작했다. 농사·농촌·농업에 국한되지 않고 하늘 땅 뭇 생명에 기반한 새로운 생활양식을 일컫는 고운 우리말이었다. '씨알움' '슬기움' '따님·아드님 뒷간' '한울' 따위 학교 공간을 우리말로 지어 불렀다.

2014년 가을, 농생활연구소는 농살이를 배우며 하늘땅살이 영성 닦는 공부를 두 차례 열었다. 이렇게 공부를 시작한 이들이 모여 하늘땅살이움터를 열었고, 함께 살아가며 일상에서 하늘땅살이로 수련했다. 2015년 3월 3일 단식과 생채식으로 시작한 하늘땅살이움터는 이른 5시 수련과 낮 12시 경건회를 이어 갔다. 인터넷, 산업문명의 끄달림에서 벗어나 밭생명과 더불어 땀 흘릴 줄 아는 몸으로 새로 태어나는 길이었다. 같은 맥락에서 함께 뫼와 들에서 자라는 생명을 정성껏 거두어 몸에 들였고, 그 과정에서 필요한 것은 경건회 뒤에 이어진 밥상과 공부자리에서 풀어 갔다.

단식과 생채식은 삼일학림 수업으로 열려 비단 하늘땅살이움터 수련생만 아니라 마을 곳곳에서 많은 사람들이 참여했다. 공부 과정에서 날

푸성귀밥상을 차려 먹을 때 비닐하우스에서 나온 잎남새를 제한한 것을 계기로, 서울 인수마을에 사는 이들도 직접 길러 먹거나 채집하는 흐름이 생겼다. 산너머텃밭[13]에 참여하는 이가 늘어나며 두레 단위로 밭일을 하기도 하고, 밭에서 거둔 것을 밥상에서 나누고 마을 벗과 밭 산책 다니며 자연스레 하늘땅살이를 접하는 기회가 늘어났다. 이렇게 자리 잡은 문화는 이후 코로나19 시기를 맞이하며 도시에 사는 인수마을 사람들도 하늘땅살이에 더욱 적극적으로 참여하는 동력이 되었다.

하늘땅살이움터의 배움이 무르익어 가는 동시에, 홍천과 서울 인수마을에서 하늘땅살이하며 씨앗 받는 이들도 점점 늘어났다. 농생활연구소와 소농연대 글로 채워졌던 '아름다운 마을 生活'[14] 누리집에는 여러 마을 벗들이 쓴 이야기로 채워졌고, 이런 변화는 2016년 2월 '토박이씨앗 나눔잔치'로 이어졌다. 한자리에 모인 이들은 하늘땅살이 운동과 철학, 토박이씨앗 관련한 강의를 들으며 고맙게 씨앗을 주고받았다. 이력을 정확히 자료로 남기고, 나눔받아 키우는 이들은 저마다의 자리에서 이어 가는 하늘땅살이를 '아름다운 마을 生活' 누리집에 기록으로 남겼다. 씨앗 남기는 일에 그치지 않고 끝까지 책임 있게 생명을 돌보는 자세를 기르는 훈련이었다.

2017년에는 하늘땅살이를 삶으로 익혀 가는 수련생과 마을 벗들 가운데 스스로 터전을 가꾸려는 이들이 하나둘 생겨났다. 농생활연구소

13　서울 인수마을 근처에 위치한 강북도시농업 체험장이다. 인수마을에서 하늘땅살이 하는 사람이 늘어나면서 이 텃밭을 '산너머텃밭'이라 이름하고, 운영에도 적극적으로 참여하고 있다. 마을배움터의 수업공간으로도 사용하고, 작은 논에서 이루어지는 모내기, 가을걷이, 타작마당에도 참여하고 있다.

14　'아름다운 마을 生活' 누리집은 하늘땅살이하는 삶에서 만나는 하늘땅살이, 임신 출산 육아, 밥상, 몸 마음 수련과 같은 생명살림을 공부하고 나누는 배움터이다.

는 터전을 일구어 갈 때 필요한 실질적인 기술인, 나무와 풀꽃 생명 심고 가꾸는 법을 소개하고, 나무 싹을 틔우면서 배우고 느낀 점, 꾸준히 이어 온 토박이씨앗과 김장남새 씨앗 받는 법 등을 글로 자세히 남겼다. 이듬해 삼일학림에서 '하늘땅살이하는 삶'이라는 수업을 열어 터전을 꾸리거나 꿈꾸는 이들에게 필요한 슬기를 나누기도 했다.

마을공동체로 살아가는 삶을 넓혀 온생명 어우러져 밝고 평화로운 세상이 되길 꿈꾸는 마음은 새로운 운동으로 이어졌다. 밝은누리는 2017년 가을, 한반도 긴장과 갈등이 깊어지던 때, 이 땅 생명평화를 기원하는 천 일 순례를 시작한다. 이 순례는 농촌과 도시가 서로 도우며 조화롭게 공존하는 농도상생 마을공동체의 영감이 한반도로 확장된다면, 남과 북이 적대관계가 아닌 상생하는 관계로 나아갈 수 있다는 철학 속에서 자연스레 꽃핀 운동이었다. 통일된 남과 북을 농촌과 도시가 연결된 마을을 통해 현재화하는 뜻이 담겨 있기도 했다. 농(農)이 곧 평화이고, 동북아 평화가 하늘 땅 사이 생명을 살리는 농의 길과 맞닿아 있었다.

2018년 봄부터 소농들은 밭에서 꾸준히 토박이 벼를 이어 왔고, 2021년에는 새로 얻게 된 밝은누리움터 농토에서 무논을 시작할 수 있게 되었다. 밝은누리 소농들은 스스로 기른 밭생명을 내 안에 잘 모실 수 있도록 갈무리하고 밥상에 올려 맛있게 먹는 일을 온전한 하늘땅살이로 나아가는 중요한 실천으로 여겼다. 소농들이 거둔 알곡을 그때그때 밥상에 올리기 위해서는 필요한 양만큼 가루 내고 기름 짤 수 있는 마을방앗간의 필요가 절실해졌다. 2019년, 그렇게 마을방앗간 '꿰어야~보배'가 열렸다.

˚ 하늘땅살이 씨알들과 함께 (2020년~)

2020년 2월, 하늘땅살이움터가 10년째 되던 해, 농생활연구소는 하늘땅살이하겠다는 길벗들을 '하늘땅살이 씨알'[15]로 초대한다. '씨알'은 하늘땅살이가 삶의 큰 비중으로 있지 않아도 길벗으로 살려는 뜻이 있다면 누구든 함께할 수 있었다. 강원 홍천, 서울 인수, 경기 군포 대야미, 경기 양평 등에서 함께하기로 마음먹은 이들이 씨알로 새롭게 모였다. 비록 코로나19라는 전 지구적 앓이가 퍼져 나가고 일상이 제한된 때였지만, 오히려 씨알들은 가까운 밭에서 하늘땅살이를 통해 자연이 주는 자유를 누리고 생명됨을 묵상하는 시간을 보냈다. 이는 재난 상황에 대비해 기획되거나 수세적으로 선택한 것이 아니라, 때에 맞게 필요한 선택을 하며 마을의 문화를 일구어 온 것이 자연스럽게 추동된 결과라 할 수 있다. 이후 토박이씨앗 나눔에 참여하는 씨알들 또한 크게 늘어났다.

2021년, 농생활연구소는 하늘땅살이움터 수련생들의 주체적인 하늘땅살이하는 삶을 독려하기 위해 독립을 권했다. 이때부터 새벽수련, 경건회, 밭 돌아보기, '아름다운 마을 生活' 누리집 관리, 달력 짓기 등도 소농들이 필요에 따라 꾸려 갔다. 더불어 이전부터 꾸준히 이어져 오던 피정 공간을 '짓는때곳'으로 새롭게 이름 지어 꾸렸다. 침묵하고 참되게 쉬며 '모든 것을 새로 짓는 시간과 공간'이라는 이름 뜻에 담겨 있듯, 참

---

15 "하늘땅살이하겠다는 길벗을 부르는 말. 씨알들과 더불어 가는 길에 섰습니다. (…) 올해엔 달력과 씨앗을 나누는 데 그치지 않고 저마다 하늘땅살이 터전에 기회를 노려 서로 오가고, 여러 형태로 공부하고 만나며 함께 걷는 사이로 호흡을 좀 더 맞춰 보려 해요. 그 자리에 함께하고 앞으로 같이 걷겠다 마음 정한 사람을 '씨알들'이라 부를게요." _수연, '씨알들, 하늘땅살이움터와 더불어', '아름다운 마을 生活' 누리집(2020. 2. 17.)

된 쉼과 전환이 필요한 이들이 찾아와 조용히 스스로를 돌아보는 때곳으로 보낸다.

   소농 독립, 씨알 확대와 더불어 주목할 만한 변화는 다음 세대로 전수된 하늘땅살이 영성이다. 밝은누리움터에서는 하늘땅살이가 중요한 공부 가운데 하나이다. 아이들은 어릴 때부터 숲과 들로 다니며 자연스레 생명을 만나고 자기 스스로 씨앗을 심어 가꾸며 하늘땅살이를 접한다. 이는 생명을 대하는 기본 태도와 감수성뿐 아니라, 하늘과 땅의 때를 알고 절기와 철에 맞게 행동하는 삶을 몸으로 익히게 하며, 자연을 토대로 예술적 감성과 살림살이 기술을 익히는 데 아주 소중한 배움이다. 코로나19 돌림병으로 일상생활에 어려움이 컸음에도 기숙하며 생활하는 삼일학림 푸른이들은 오히려 하늘땅살이 공부에 집중하면서 주체적으로 학교를 이끌었다. '푸른숲'이라는 두레를 만들어 스스로 아침수련, 경건 모임 등을 이어 갔고 학교 둘레 생명들을 함께 보살폈다. 지금도 나무모심, 밥상모심이나 학교 공간에 필요한 울력을 함께하고 직접 지은 노동요를 부르며 온생명과 관계 맺는 삶이 곧 생명평화임을 자연스럽게 배우는 가운데 새로운 하늘땅살이 주체로 서가고 있다.

   이상 밝은누리 하늘땅살이의 시작부터 걸어온 길을 톺아보았다. 마을이라는 토대에서 시작된 운동은 생명을 존중하는 철학을 견지하기 위해 꾸준한 공부와 일상 수련을 중심에 두며, 마을에 터한 배움터와 저마다의 삶터에서 자연스레 다음 세대로 전승되고 있다. 또한 하늘땅살이를 그저 자기 삶을 영위하기 위한 가치 있는 노동으로 여기는 것을 넘어 몸과 마음 알아차리는 힘을 기르는 방편으로 삼는다. 이는 현실에 안주하거나 체념하지 않는 근성 있는 태도와 정성으로 가능하며, 작은 씨앗 하나에 담긴 힘을 믿는 마음에서 비롯된다. 그러기에 이는 희생이나 감수하는 것이 아니라 자유롭고 행복한 삶을 누리는 것으로 나타난다. 이러한 생명살림을 구체적으로 실천해 가는 밝은누리 하늘땅살이 운동의 특이성을 정리해 보면 다음과 같다.

❷ 밝은누리 하늘땅살이 실천과 특이성

° 흙-밥-똥오줌, 생명순환 하늘땅살이

밝은누리는 모든 생명의 토대인 흙을 가꾸는 하늘땅살이를 중심으로 연구하고 실천한다. 흙을 단순한 자원이 아닌 다양한 생명의 삶터로 여기며, 김매고 얻은 풀로 흙을 덮고, 흙에서 자란 푸성귀를 먹는다. 남은 밥상부산물은 똥오줌, 낙엽과 함께 발효시켜 거름으로 만들고, 그 거름은 다시 흙으로 돌아간다. 흙·밥·똥오줌은 형태만 다를 뿐 본질적으로 하나의 생명이라는 인식이 이 실천의 핵심이다. 이러한 철학은 홍천에 터를 마련하고 첫 농사를 시작하던 해, 수세식 변기를 철거하고 생태 뒷간을 지은 일에서 잘 드러난다. 농사는 씨앗을 뿌리는 일 이전에, 씨앗을 품어 줄 흙이라는 바탕을 살리는 일이 먼저라는 믿음 때문이다.

도시에서 온 이들이 주말마다 찾아와 울력으로 농사와 집짓기에 참여했으며, 이 과정에서 도시의 밥상부산물을 농촌으로 가져와 퇴비로 발효시키고, 수세식 변기에서 버려지던 오줌을 거름에 보탰다. 이렇게 흙-밥-똥오줌의 순환 고리가 회복되면서 '쓰레기'라는 개념은 자연스럽게 사라지고, 모든 것이 필요한 존재로 받아들여졌다.

˚ '하늘땅살이 씨알'로 삶

밝은누리가 주목하는 '농(農)'은 단순히 농사 기술이 아니라, 생활 전반과 맞닿아 있는 다차원적 가치이다. 따라서 삶과 분리된 수업이나 글로는 가르치기 어렵다. 이 때문에 밝은누리는 마을에서 함께 일하고, 밥을 먹고, 공부하고, 쉬고, 자는 일상을 절기 속에서 반복하는 농생활 배움터를 열고 있다. 농생활연구소는 강원도 홍천에서 하늘땅살이를 실천하며, 농촌·농업·농사에 국한되지 않는 새로운 생활양식인 농생활을 연구하고 교육한다. 이와 뜻을 함께하는 농생활소농연대는 생명순환 농사를 정직하게 실천하고 연대하는 모임이다. 사는 곳이 농촌이든 도시든 상관없이 하늘땅살이하는 이를 '씨알'로 이름하는데, 이들 모두 모든 생명의 토대인 흙을 조화롭고 균형 있게 가꾸는 주체가 된다. 이들은 땅을 살리는 일을 생명평화를 일구는 실천으로 여기며, 삶의 최우선 과제로 삼는다. 현재 홍천 서석을 비롯해 서울 인수, 군포 대야미, 양평 옥천 등 다양한 지역에서 하늘땅살이 씨알로 함께하고 있다.

˚ 홀로 또 함께하는 농생활 영성

밝은누리 소농들은 밭일을 하다가도 잠시 멈추어 숨을 고르고, 둘러싼 생명들의 형편을 살피며 마음을 모은다. 매일 낮 11시, 한자리에 모여 밭에서 누리는 생명평화를 그리며 온생명이 평화롭기를 기원한다. 이 시간은 함께하는 이들의 안부를 묻고, 터전의 생명들을 살피며, 일상을 나누는 소통의 자리이다. 이러한 모임은 쉼과 노동, 몸과 마음, 사람과 온생명이 하나로 이어지는 하늘땅살이의 중심이 된다. 참된 쉼을 누리고 하늘땅살이 울력을 함께할 수 있는 '짓는때곳'이 있다. 이곳은 생명과 생명이 이어지는 관계의 장이자, 생태적 삶을 들이고 실천하는 곳이다. 시간과 공간을 따로 떼어 고요히 머물기를 원하는 밝은누리 씨알들에게 열려 있으며, 소농들은 이 공간을 돌보고, 찾아오는 이들과 교제한다.

° **생명살림 밥상**

밝은누리에서는 차려진 밥상 앞에서 고마운 마음으로 생명밥상을 모신다. 밥상에는 씨앗을 뿌려 거둔 곡식뿐 아니라, 절기에 따라 자연이 내어 준 메들나물이 오른다. 이를 통해 어떤 푸성귀가 제철인지, 내 몸을 살리는 음식이 무엇인지 몸이 기억하게 된다. '밥상이 곧 약상'이라는 이해를 바탕으로 하늘땅살이에서 얻은 것으로 살아가는 자족의 삶을 익힌다. 사람에게 근본은 '먹고 마시는 것이 곧 생명(命)'이라는 사실을 밥상을 통해 배운다. 이 과정에서 우리 의학 세계관과 연결해 몸과 우주, 하늘땅살이가 어떻게 통하는지 살피며, 절기에 따른 식의주락의 살림살이를 아름답게 가꾸는 힘을 기른다. 결국 사람은 자연이면서 동시에 자연에 기대어 살아가는 존재임을 배우고 익히는 것, 이것이 하늘땅살이의 핵심이다.

° **두레, 울력, 품앗이, 함께하는 공부로 엮는 하늘땅살이**

밝은누리에서는 절기마다 '밭 둘러보기 공부'를 통해 터전의 생명들을 있는 그대로 마주하고 알아가는 과정을 함께한다. 소농들은 저마다 가꾸는 터전을 어떻게 만나고 어떤 방식으로 돌볼지 고민을 나누며, 서로의 선택을 객관화하기 어려운 지점에 대해 토론한다. 이 자리는 단순한 농사 기술의 공유를 넘어, 만나는 생명을 어떻게 더 생명답게 대할 것인가를 배우는 자리이다.

자연스럽게 터전 둘레에서 만나는 풀꽃나무를 함께 관찰하고, 이름을 기억하며, 맛보고, 쓰임새를 찾는 공부도 이어진다. 심고 거두는 작물뿐 아니라 절로 자라는 풀꽃나무까지 이해의 폭을 넓히는 과정이다. 또한 울력과 두레는 혼자서 꿈꾸던 일을 함께 이루는 힘이 된다. 두레로 모여 이랑을 다듬고 씨앗을 뿌려 밥상에 올리기까지의 과정을 함께한다. 예를 들어 들깨를 함께 길러 거두는 두레는 깻잎을 마을밥상에 나누고, 거둔 열매는 '마을방앗간 꿰어야~보배'에서 기름을 짜 먹거나 선물한다. 논에서는 어린이, 푸른이, 어른들이 함께 모내기, 가을걷이, 타작을 하며, 이 모든 과정이 놀이와 잔치가 된다. 생명과 생명이 이어지는 관계망을 회복하는 공동체적 삶이다.

° **스스로 순환하는 힘 지닌 토박이씨앗, 그 힘 늘려 가는 토박이씨앗 나눔잔치**

밝은누리 소농들은 우리 땅에서 오랜 세월 적응해 온 토박이씨앗을 곧뿌리고, 그 씨앗을 받아 다시 하늘땅살이를 이어 간다. 수집된 씨앗은 터전에서 특성을 살피고 안정화하는 시간을 거친 뒤, 씨앗 나눔잔치를 통해 퍼져 나간다. 이 일은 농생활연구소, 농생활소농, 하늘땅살이 씨알이 책임 있게 이어 가는 공동의 실천이다. 씨앗 나눔잔치는 봄과 가을, 하늘땅살이가 본격적으로 시작되기 전에 열린다. 씨앗을 받는 이들은 밭에 어떤 씨앗을 심을지, 흙에 어떻게 씨를 넣고 키워 갈지 고민하며 자연스럽게 토박이씨앗으로 하늘땅살이를 시작한다. 이 과정에서 중요한 것은 씨앗부터 받는 접근을 삼가고, 생명을 책임 있게 만나는 자세를 배우는 것이다.

씨앗이 자라는 동안, 참여자들은 먼저 씨앗을 길러 온 이들의 날적이(기록)를 참고하거나 질문하며 생명에 대한 이해를 넓힌다. 또한 갈무리 방법, 조리법, 맛있게 먹는 법을 배우며, 거둔 열매는 밥상에 올리고, 넉넉한 것은 마을밥상에 나누거나 선물한다. 이렇게 씨앗을 나누는 과정에서 사람들은 스스로 씨알된 삶으로 나아간다. 때로는 뿌린 씨앗이 싹트지 않거나 씨앗을 받지 못할 수도 있다. 그러나 함께하는 씨알들이 씨앗과 열매를 나누기에, 씨앗은 이어지고 그 안에 담긴 이야기는 더욱 풍성해진다.

° **온생명의 건강과 평화를 일구는 공부의 장 '아름다운 마을 生活'**
'아름다운 마을 生活' 누리집은 하늘땅살이 철학을 바탕으로, 농사·임신·출산·육아·밥상·몸과 마음의 수련 등 생명살림을 함께 공부하고 실천하며 나누는 배움터이다.

오늘 하늘땅살이
오늘 하늘과 땅 사이에서 만난 일상을 기록하고 나누는 공간.

하늘땅살이 나눔터
마을 곳곳에서 하늘땅살이를 실천하는 씨알들의 이야기가 담긴 자리. 해마다 열리는 토박이씨앗 나눔잔치도 이곳에서 진행된다. 씨앗을 받은 이들은 씨앗이 자라는 과정과 그 속에서의 배움을 글과 사진으로 나누며 함께 성장한다.

푸른 별 살림살이
지구와 더불어 사는 생명들을 살리는 식의주락 생활양식을 탐구하는 길.

내가 만나는 목숨붙이
푸른 별에서 함께 숨 쉬는 푸성귀, 나무, 동물들의 이야기를 담는 공간.

익히고 가꾸는 길
자기 실천과 연결된 공부 과정을 기록하고, 함께 배우는 자리.

임신출산 이야기 & 아이와 함께 자라는 사람들
임신·출산 경험과 의견을 나누고, 아이와 함께 성장하는 사람들의 이야기를 담는 공간.

'아름다운 마을 生活' 누리집은 생명살림에 대한 물음을 품은 사람들이 드나들며 교류하는 장이다. 이를 통해 온생명과 평화롭게 살아가는 지혜와 슬기를 나누고, 생명살림과 순환의 가치를 확장해 간다.

° **농생활 절기달력 '하루를 천년같이'**
밝은누리는 2010년 강원도 홍천에 첫 터를 잡은 해, 농사를 돌아보고 다음 해를 내다보며 농생활 절기달력 '하루를 천년같이'를 만들었다. 이후 소농들은 매년 가을부터 겨울까지 모여 이듬해 달력의 주제와 방향을 정하고, 주제에 어울리는 글과 그림을 찾으며, 절기에 맞는 하늘땅살이 실천 내용을 다듬는 과정을 이어 왔다. 이 달력은 홍천에서 하늘땅살이를 실천하는 소농들의 경험을 바탕으로, 24절기에 맞춰 이루어지는 농사와 생활의 흐름을 담는다. 절기살이와 제철밥상을 소개해 농촌과 도시를 잇는 다리가 되며, 하늘땅살이를 실천하는 이들에게는 한 해의 길잡이가 된다. 많은 이들이 달력을 가까이 두고 참고하며, 선물로 나누어 생태적 삶의 가치를 전하는 매개로 삼는다.

밝은누리는 달력 제작 과정에서 종이(나무)를 해마다 쓰는 것에 대한 고민과 긴장을 안고, 가능한 한 친환경적 방식을 선택한다. 제본은 다시 쓸 수 있는 끈으로 직접 묶고, 인쇄 부수는 남지 않도록 조정한다. 지난해 달력은 글과 그림을 오려 공책 표지나 책싸개, 엽서로 되살린다. 또한 후원과 달력 나눔으로 얻은 수익금은 숲과 농토를 돌보고, 자족 소농과 함께 토박이씨앗을 이어 가는 일에 사용한다. '하루를 천년같이'는 노동과 공부와 실천이 어우러진 생명살림의 기록이며, 하늘땅살이 철학이 담겨 있다.

° 하늘땅살이하며 생긴 필요를 함께 풀어낸 '마을방앗간, 꿰어야~보배'

밝은누리 소농들은 하늘땅살이로 얻은 소산물을 갈무리하는 방식을 다양하게 시도해 왔다. 소량이라도 그때그때 밥상 필요에 맞춰 가루 내고 기름 짜는 것이 가능하도록 '마을방앗간, 꿰어야~보배'를 열었다.

밝은누리 회원들은 누구나 알곡지킴이로 함께할 수 있고 마을방앗간 여는 날에 이용할 수 있다. 마을방앗간은 농생활연구소-농생활소농연대 기금으로 필요한 물품을 마련해 꾸려 간다.

5. 하늘땅살이 실천이 가능한 삶터, 마을

마을공동체의 중요성이 다시 주목받으면서 마을 만들기 사업, 마을 발전 지원사업 등이 추진되고 있다. 그러나 이러한 사업은 기존 마을공동체가 아닌 특정 집단이 주도하는 경우가 많고, 형식적 조건 충족에 치중하는 한계를 드러낸다. 과거 국가 정책에 떠밀려 고향을 떠났던 농민의 빈자리를 메우기 위해, 정부는 농촌 체험 프로그램, 지원금, 이주 장려금으로 도시 청년을 유인하고 있다. 한때 발전과 계몽의 대상으로 여겨졌던 농업은 이제 생태·자원·문화적 가치를 인정받으며, 농민수당과 직불금 등 다양한 지원이 제공된다. 그러나 여전히 농을 국가 운영의 수단으로 보는 구조적 모순은 해결되지 않았다. 국가 정책은 농민을 다국적 기업의 종자와 농법, 비료, 수매 방식에 종속시키고, 결과적으로 신자유주의 농업 체제에 편입시킨다.

나아가 송전탑·소각장·태양광발전소·원자력폐기물 저장소 등 고위험 시설은 유권자가 적고 반대 목소리가 약한 농산어촌에 집중된다. 이는 밀양 송전탑 사태에서 보듯, 또 다른 국가 폭력과 착취, 마을 분쟁을 낳는다.

밝은누리는 국가 정책에 의존하지 않고, 마을의 필요에 따라 주체적으로 방역, 물적 토대 마련, 교육과 다음 세대 양성을 실천해 왔다. 신종플루와 코로나19 같은 돌림병에도 선제적 방역 지침을 마련하고 철저히 실행했다. 국가 정책의 태생적 한계와 방향성을 인식하며, 지원금과 사업을 무비판적으로 수용하지 않고, 민의 자치성과 주체성을 훼손하지 않는 범위에서만 방편적으로 활용했다. 국가가 권장하는 상하수도 대신, 빗물과 생명부산물, 똥오줌을 활용하고, 관에서 권유하는 종자·농법 대신, 토박이씨앗을 곧뿌리고 다시 거두는 생명순환 농사를 지었다. 비료·농약·비닐·기계 의존을 줄여 비용 절감은 물론 생태적 지속가능성을 확보하고자 했다. 이 과정에서 생명의 소중함을 몸으로 배우고, 자급자족과 생태문명의 가능성을 실천해 오고 있다.

> "'함께 짓는 기쁨' 그리며 시작했고, 그렇게 한해살이 했어요. 함께 지을 밭, 함께 지을 이들 선물로 받아서 좋아하는 들깨 향 한껏 맡았고, 함께하는 힘과 슬기 경험할 수 있었어요. 두레로 일구는 하늘땅살이 삶, 소중한 씨앗으로 심습니다. 밭 오가는 길에 만나는 기분 좋은 새벽 공기, 들깨 일구며 나눈 이야기들, 우박 지나간 자리에서 다시 기운내 초록빛 찾아가던 모습, 거둔 들깻잎이 마을 안에서 여러 모양으로 순환하는 아름다움, 들깨 털던 날 느낀 신명 진하게 남아 있어요. 거둔 들깨로 기름 짜고 밥상 차림하는 행복 그리며, 온생명에게 고마움 품어요."
>
> _'아름다운 마을 生活' 누리집, 들깨두레 갈무리 잔치 날적이

앞서 살펴본 밝은누리 하늘땅살이 운동은 자본과 시장의 논리에서 벗어난 민의 자치인 마을에서 시작되었다. 마을은 식의주락의 일상을

함께 살며, 신뢰를 기반으로 관계망을 세운 사람들에 의해 형성되었다. 이 운동의 지속가능성을 뒷받침하는 힘은 시장 생리를 철저히 분석하고 공부하는 태도에서 비롯된다. 밝은누리는 시장 중심의 유통 구조를 넘어서는 마을밥상, 마을생협, 마을방앗간 등 새로운 흐름을 만들었다.

현재 한국사회에서 농도상생운동, 생태공동체, 친환경농업운동을 연구하는 이들은 대개 몇 명의 농부가 몇 명의 도시민에게 어느 인증 단계의 친환경 농산물을 공급했는가를 묻는다. 그리고 그 결과를 수치화해 운동의 성패를 평가한다. 그러나 밝은누리 하늘땅살이 운동은 애초부터 숫자로 환원되는 결과에 큰 의미를 두지 않는다. 밭에서 자라는 작물은 인간의 필요를 채우는 도구나 수량화된 '농산물'이 아니라, 생명 그 자체이기 때문이다. 이 신념을 구현하기 위해 마을이라는 실천전략이 펼쳐지고 있으며, 이는 단순한 생산·소비 관계를 넘어 생명살림의 철학을 담은 생활문화로 자리 잡고 있다.

6. 상생의 새 문명, 생명살림생태계

《사기(史記)》에는 동북아 토착민 동이족 신농(神農)이 나온다. 남방을 다스리던 신이자 농업, 의약, 약초의 신이었다. 인간에게 농사를 본격적으로 알리고 가르친 신이라 이름이 농사(農)의 신(神)인 듯하다. 신농씨의 설화는 농경체제의 등장을 암시할 뿐 아니라 고대로부터 한 문명사회에 농(農 살림, 생산)이 얼마나 중요시되고 있었는지 알 수 있는 대목이기도 하다.

앞서 말한 노자, 묵자, 동학은 하늘 땅 사람 서로 살리는 활동을 담고 있는 생명운동이었다. 이 사상들의 특이성은 기존 통념을 넘어선 새로운 생명 중심의 대안이 되었다. 하늘을 공경하고, 땅에 깃든 생명력을 고양시키며, 더불어 사는 사람들이 평화롭고 행복한 삶을 일구어 갈 유기적 관계성을 핵심에 두었는데, 이는 삶 자체가 특정 영역에만 적용되는 것이 아니라 전체로 통하는 통전성이 있었기 때문이다. 사상은 삶으로 구현될 때 비로소 힘을 갖는다.

노자, 묵자, 동학은 동북아에서 솟아난 철학적 지혜로, 기존 사회 통념을 넘어서는 새로운 삶의 방식과 실천전략을 제시해 왔다. 이들은 삶과 연결된 사유가 얼마나 강력한 힘을 발휘할 수 있는지 보여 주었고, 다음 세대에 얼을 잇는 운동으로 이어졌다. 오늘날 우리가 살아가는 시대는 권력과 자본이 지배하는 구조 속에서 삶의 본질과 공동체의 의미가 흔들리는 문명 전환기이다. 이럴 때일수록 노자, 묵자, 동학의 지혜가 생명살림의 뿌리가 됨을 알 수 있다.

밝은누리는 청년 운동을 시작으로 교육 운동, 농도상생 마을공동체 운동, 동북아평화 운동, 마을과 살림생태계 운동 그리고 살림학 운동에 이르기까지 다양한 흐름을 이어 왔다. 시대의 과제를 깊이 고민하고 정직하게 답을 찾는 과정에서 새로운 생활양식과 대안문화가 생겨났다. 거대 에너지 자원에 의존하는 방식이 아닌, 더디고 규모가 작더라도 생명을 생명으로 대하는 하늘땅살이 농(農) 운동을 실천했다. 밝은누리의 하늘땅살이는 생태문명으로 가는 실질적 대안을 보여 주는 살아 있는 사례이다. 마을에서 울력, 두레, 품앗이를 통해 현대사회의 단절과 경쟁을 넘어서고 있다. 밝은누리의 농도상생 마을공동체와 하늘땅살이 운동 같은 실천적 예시는 문명 전환기 속에서 새로운 삶의 방향을 제시하는 나침반이다. 이러한 길을 따라 하늘을 공경하고 생명의 토대인 흙에 터해 생명답게 살아가며, 함께 생명살림 생태계 일구는 상생의 새 문명을 밝고 힘차게 열어 가길 바란다.

(3장)

함께 사는 이들이 둘러앉는 사귐의 밥상

향아설위를 일상 관계에서 구현하는 마을밥상

1. 생명을 살리는 밥, 하늘의 지혜

밥상에 들어서니 이제 막 이유식을 먹는 아이가 밥알을 오물오물 씹어 먹고, 국에 있는 호박, 두부, 양파 건더기를 놀이하듯 먹고 삼킨다. 옆에 있는 이모가 그릇을 들어 먹여 주는 국물을 차근차근 마셔 보며 새로운 감각을 느낀다. 이 한 그릇 밥이 어린 생명을 살리고 있다.

곁에 있는 다른 갓난아기의 엄마는 밥상에서 만난 이모삼촌들이 아이를 보고 놀아 주는 사이 여유롭게 밥을 먹는다. 오전 시간 아이를 돌보며 분주하게 보냈던 호흡을 덜어내고 이제야 자리에 앉아서 밥을 먹으니 참된 해방이다. 집에서 먹을 때 부부가 서로 '누가 먼저 먹네', '무얼 좀 하고 먹어라' 하는 등 이야기하며 날카로워질 일 없이 그저 고마운 밥을 꼭꼭 씹어 먹는다. 엄마가 먹는 밥이 곧 아이를 살리는 밥, 생명을 살리는 밥으로 이어진다.

밥은 고대로부터 동서양 가리지 않고 생명을 살리는 소중한 몫을 해 왔다. 하늘이 인류에 허락한 지혜와도 같은데, 예로부터 모든 문명에서는 제사라는 삶의 양식이 있고 벽을 향해 제사상을 차리고 밥상을 통해 제사를 올리는 기본구조를 지니고 있었다. 그런 고대의 일관된 흐름과 통념을 바꾼 것이 동학의 향아설위(向我設位)[1]이다. 더 이상 벽을 향해 상을 차리지 않고 나를 향해 상을 펼치자 함은 제사의 대상이 벽이 아닌 나와 둘레 생명에 깃들어 있음을 의미한다. 동학의 밥상은 밥상을 두고 둘러앉은 사람들, 나아가 함께 살림하며 일상과 삶터를 공유하는 이들과의 밥상으로 확장한다. 하늘인 밥이 둘레 생명과 나누어져 서로를 살리는 밥으로 이 땅에 온 것이다.

또한 묵자는 춘추전국시대의 혼란 속에서 겸애(兼愛), 즉 모든 사람을 차별 없이 사랑하고 이롭게 해야 함을 말했다. 차별 없이 사랑하고 이롭게 하는 바탕에는 배고픈 자에게 먹을 것을 주고, 피곤한 자에게 쉴 것을 주는 가장 기본적이고 실질적인 도움이 함께해야 한다. 밥상은 이러한 겸애가 실현되는 가장 기본적인 장이고 단위였다.

노자는 작위의 유위정치를 배격하고 도를 체득하여 본성의 덕으로 자율적으로 실천하는 백성을 다스리는 무위정치를 주장했는데, 성인의 다스림은 백성의 마음을 비우고 배를 채워 주며 그 의지를 약하게 하고 그 뼈를 강하게 해주어 항상 백성들로 하여금 도를 깨닫고 무욕하게 하여 다스리는 자로 작위하지 못하게 한다고 했다(《도덕경》 3장).

하늘을 생명 살리는 밥으로 여기며 둘레 생명에 깃든 하늘뜻 모시는 마음으로 밥상 나누는 동학, 차별 없는 사랑을 바탕으로 배고프고 주린 자를 살피고 일으키는 묵자, 무위의 도와 그윽한 덕을 바탕으로 백성을

---

[1] 살림학에서는 동학의 향아설위가 제사의 패러다임을 근원적으로 새롭게 설정한 점에 주목한다. 나아가 향아설위의 뜻이 성전제사를 폐기하고 밥상을 함께 나누는 사귐을 통해 사랑을 실천한, 교권체제 이전의 예수운동과 맥을 같이하고 있음을 제시하며 밥을 먹는 행위가 동학의 이천식천(以天食天)과도 연결됨을 설명했다. 본 글은 밝은누리 마을밥상이 이러한 향아설위가 마을 살림터에서 밥상 나눔과 사귐을 통해 사랑을 실천하고 있는 사례임을 제시하고 그 구체적인 일상의 예를 제시한다.

다스리고 편안하게 하는 노자의 사상은 모두 생명을 살리고 하늘을 공경하는 근본된 뜻으로 일관한다. 그렇기에 하늘이 곧 생명 살리는 밥이라는 것은 혁명적이고 근원적인 접근이며 고대로부터 이어진 지혜라 할 수 있다.

2. 밥을 함께 나누어 먹는 사귐의 밥상

밝은누리 마을 식구들이 밥상에 와서 밥을 먹고 삶을 나누고 일상을 공유하는 기본관계와 실천은, 제사가 밥상공동체의 사귐으로 대체되고 한몸으로 더불어 사는 삶이 되어 사랑과 사귐을 나누는 사례이다. 동학의 향아설위를 지금 시대에서 구현할 수 있는 가장 적극적인 실천인 셈이다. 매일 꾸준히 밥을 나누는 관계 안에서 함께하는 이들을 살피고 사랑하는 일은 향아설위의 뜻을 잘 담지하고 있다.

이를 구현할 때 무엇보다 중요한 것은 마을 식구들이 밥상에 와서 매일 같이 밥을 나누어 먹는 것이다. 한때 지차체들이 마을공동체를 복원하는 사업을 활발히 추진했는데, 그때 유행처럼 시행된 정책 중 하나가 마을밥상 사업이었고 실제로 여러 형태의 마을밥상이 많이 생겨났다. 그러나 관 주도로 마을공동체를 복원하려는 시도는 이후 한계에 부딪혔다. 마을밥상 사업이 대부분 실패로 돌아가고 많은 밥상이 문을 닫게 된 결정적인 이유는 정작 밥을 먹으러 오는 사람이 없었기 때문이다.

동학의 향아설위는 마을과 삶터를 기반으로 한 민중들의 기본 관계망인 두레와 접, 포를 토대로 함께 사는 이들이 둘러앉아 먹는 사귐의 밥상을 제시했다. 당시 일상과 관계를 공유하는 이들이 자연스럽게 밥을 나누어 먹으며 지내는 모습은 마을밥상과 크게 다르지 않을 터였다.

    육아하는 마을 식구가 매일같이 밥상에 오다가 어느 날 밥상에 보이지 않으면 대번에 무슨 일이 있는지, 아이가 아픈 건 아닌지 자연스럽게 살피고 연락해 묻게 된다. 아이를 돌보느라 밥을 뜨지 못하는 상황이 되면 같이 밥을 나누는 이들이 살피며 도시락을 떠서 집에 가져다주기도 한다. 어느 날 평소와 안색이 다르거나 기운이 좋지 않은 이들도 밥상에 와서 함께 밥을 나누고 이야기 나누다 보면 어떤 정황이 있는지, 어떤 어려움이 있는지 나누게 되고 어느새 기운을 전환한다.

    더불어 밥상에서 소외된 이가 없도록 하는 것이 중요하다. 사회에서 소외되기 쉬운 살림하는 사람, 육아하는 사람, 갓난아이들이 문턱 없이 밥을 먹을 수 있도록 배려하는 살핌이 녹아 있다. 어린아이들을 데리고 다니는 부모가 식당에 갈 때는 보통 아기의자가 있는지 먼저 확인하거나 별도로 챙겨야 하는데, 마을밥상은 좌식으로 밥 먹는 곳을 마련해 두었다. 아이들이 떠들거나 큰 소리 낼까 봐 신경이 쓰일 법도 한데, 오히려 마을밥상에서 맑고 밝게 웃고 재잘거리는 아이들을 함께 돌봐 주고 때로는 따끔하게 밥상머리 교육을 시켜 주는 이모삼촌들과 마을 식구들이 있다.

    다른 차원에서 소외될 수 있는 채식하는 이들, 아토피를 앓거나 당을 조절해 밥을 먹어야 하는 이들을 살피는 몫도 마을밥상에서 함께 해간다. 정기적으로 밥을 먹는 이들 중에 먹거리를 살펴야 하는 이들이 있을 때는 품이 조금 더 들더라도 적은 양이지만 조리를 따로 해서 남겨 두거나 차림을 선택할 때부터 적극적으로 고려한다. 채식 식단을 꾸리는 일 자체보다, 함께 밥 먹는 이들을 세심하게 살펴 사귐의 밥상에서 같이 어울릴 수 있도록 하는 게 더 근본적인 어울림의 원리이다.

❶ 이 밥이 어디에서 왔습니까

"이 밥이 어디에서 왔습니까.
우리는 온생명 기운 깃든
밥상 앞에 앉아 있습니다.
어우러져 살아가는
해, 물, 바람, 흙, 벌레와
땀 흘려 일하는 모든 손길과
하늘 은혜 떠올리니 고맙습니다.
천천히 온 마음으로 먹고
서로 살리는 밥으로 살겠습니다."

배식대 앞에 있는 밥상기도문이다. "이 밥이 어디에서 왔습니까"로 시작하는 밥상기도문에는 밥을 함께 나누어 먹는 것이 온 우주와 어떻게 연결되어 있는지가 한 문장 한 문장에 녹아 있다. 실제로 우리는 내가 먹고 있는 밥 한 끼를 만드는 재료가 어디에서 왔는지 쉽게 알 수 없고 믿을 수 없는 문명 속에 살고 있다.

그런 흐름 속에서 내가 먹는 이 밥이 어디에서 왔는지 잠시 멈추어 묻고 떠올리는 행위는 생명을 살리는 밥으로 온 하늘을 떠올리는 중요한 물음이다. 이 밥이 어디에서 왔는지, 어떤 수많은 손길의 살핌이 있었는지 떠오르게 한다. 하늘 아래 연결된 온생명이 어우러져 차려진 밥상임을 기억하는 고백이다. 편리하고 빠른 유통망을 통해 손쉽게 접할 수 있는 음식과 먹거리들이 어디서 어떻게 만들어졌을지 알 수 없는 시대에, 수많은 손길의 수고와 해, 물, 바람, 흙, 벌레와 모든 곁 생명들의 연결됨 속에서 정성껏 지어진 한 끼의 밥상을 몸에 들이는 자체가 의미 있다.

밥상에서 나오는 밥상 부산물이 다시 밭으로 돌아가 시간을 거쳐 거름으로 만들어지고, 그 거름을 주어 기른 밭작물들이 자라 수확되어 다시 밥상에 오르는 순환을 직접 경험한다. 이러한 경험 속에서 마을 식구들은 밥상기도문을 떠올릴 때 온생명과의 순환으로 내가 먹는 이 밥이 차려져 있음을 깨닫게 된다. 고마운 마음으로 하늘을 먹고, 또 나도 다른 이들을 살리는 밥으로 살겠다는 고백을 하게 되는 것이다.

❷ '밥상모심'의 의미

마을밥상에서는 밥을 짓고 차리고 밥상에 찾아오는 이들을 맞이하는 역할을 모두 포함하는 말로 '밥상모심'이라는 표현을 쓴다. 더불어, 밥상을 주살림터로 삼아 노동하며 지내는 밥상지기들과 함께 한 끼 한 끼의 밥상을 짓고 차리는 이들을 '모심지기'라 부른다. 동학에서 말하는 밥알 한 알 속에 있는 하늘이 내 안에 있는 하늘을 먹여 살리는 시천(侍天)을 떠올리며, 나와 다른 생명 안에 있는 하늘이 먹는 밥을 짓는 행위로써 하늘을 모신다. 그렇기에 마을밥상에서 밥을 짓고 방문하는 이들을 맞이하는 모든 지기들은 그 뜻과 마음을 담아 '모심'의 의미로 한 끼 한 끼의 차림을 정성스레 대하고 차린다.

수운 최제우는 '모심'을 안으로는 거룩한 영이 있다는 내유신령(內有神靈), 밖으로는 기운의 화함이 있다는 외유기화(外有氣化), 하늘의 영기와 분리되어 살 수 없음을 알고 그에 합치된 삶을 살아가는 각지불이(各知不移) 세 가지로 확장하여 뜻을 담았다. 이와 맞닿아 밥상을 모신다는 것은 밥을 짓는 이들이 저마다 하늘을 모시고 밥상에 찾아와 함께 밥 짓는 이들과 마음을 모아서 밥을 지어 먹는 것이다. 더 나아가 곱게 어울려 지은 밥을 먹는 사귐을 통해 함께 살아가는 기쁨과 의미를 찾는다.

❸ 변수와 위기 속에서 나눔과 사귐을 이어 가는 마을밥상

마을밥상은 마을 살림터의 구심이 되는 곳이기에, 외부에서 오는 변수와 위기 속에서도 일상의 버팀목이 되며 중심을 세우는 중요한 몫을 한다. 마주하는 변수와 위기는 오히려 단단한 내실을 다지는 계기가 되고 마을밥상의 존재를 환기시키며 그 고마움을 새롭게 깨닫게 한다.

코로나19 돌림병 시기에 외식업을 비롯한 여러 자영업자들은 경영 상황이 악화되고, 마주하는 변수로 인해 많은 경우 폐업을 하거나 큰 어려움을 겪었다. 마을밥상은 이 시기를 통해 오히려 유연하게 위기를 넘어갈 수 있는 역량과 경험을 쌓을 수 있었다. 돌림병 시기에도 밥상을 멈추지 않았던 가장 기본 되는 뜻은 '밥으로부터 소외되지 않아야 한다'는 것이었다. 밥상을 통해 일상의 사귐과 나눔이 구현되는 현장을 지키는 일뿐 아니라, 어려울 때 더 쉽게 소외되고 방치될 수 있는 약자를 기억하며 밥상의 일상을 근성 있게 지켜 갔다.

구체적으로는 밥상 배식의 동선과 흐름에 변화를 주어 밥상에 모여서 먹지 않고 도시락을 떠가는 것으로 바꾸었다. 여러 사람이 주어진 시간 내 원활하게 밥을 뜰 수 있게 살피고 준비했다. 밥을 뜨러 오기 어려운 이들을 생각해 도시락을 떠 전해 줄 수 있는 역할도 따로 정해 두었다. 밥을 지어야 하는 이가 돌림병에 걸려 외출이 어려운 경우에는 여력이 더 있는 밥상지기나 모심지기가 이를 대신하기도 했다. 대신할 이가 없을 경우에는 두레 단위로 모심을 자원하고 나서기도 했다.

갑작스러운 변수로 밥상지기의 수가 물리적으로 부족한 시기에는 마을이 더 폭넓게 함께 밥상을 꾸려 보는 계기로 삼고 위기를 넘어가기도 했다. 예전에 밥상지기로 일했던 이들이 현재 하고 있는 일 외에 마음과 시간을 내어 저녁 마감을 하기도 하고, 밥상 한 끼를 차려 내는 이끔이의 역할을 맡아 빈자리를 메우기도 한다. 이전에 밥상지기 경험이 없더라도 밥상살림을 배워서 빈자리를 적극적으로 자원해 밥상의 어려움을 자기 일처럼 살핀다. 오히려 이럴 때 모심지기 자원도 더 풍성하게 이루어짐을 경험한다.

이렇듯 마을밥상은 마을 살림터의 든든한 토대인 동시에 변수와 위기 상황에서는 오히려 그 힘과 결속력을 가시적으로 확인하는 계기가 된다. 함께 밥을 먹고, 밥을 짓고, 밥상살림을 꾸려 가는 노력과 마음이 모일 때 동학의 향아설위가 생기를 나누는 사귐의 밥상으로 변함없이 일상 속에 자리할 수 있다.

3. 삶터에 뿌리내린 밥상살림 이야기

❶ 삶을 배우는 밥상머리 교육과 살림

이제 막 마을초등학교에 입학한 1학년 학생이 야무진 손으로 밥상에서 밥을 먹고 설거지를 한다. 나무받침대에 올라서 까치발을 들고 스스로 먹은 밥그릇과 수저를 설거지하는 풍경이다. 물론 아직은 조금 서툴고 어려워 곁에서 잘할 수 있도록 지켜봐 주고 도움을 줄 어른이 필요하다. 아이의 부모만 그 몫을 하는 게 아니라, 곁에 있는 이모삼촌들이 자연스럽게 그 몫을 함께한다. 자기가 먹은 그릇을 스스로 설거지하는 살림의 실천은 작지만 결코 작은 일이 아니다. 어려서부터 살림의 가치를 바로 보고 몸에 들이는 살림터를 통해 자연스럽게 살림꾼으로 자라간다.

가끔 주변을 지나가다 밥을 먹으러 찾아온 이웃 손님들에게 밥상 이용안내를 하다 보면 많은 분들이 넘어서지 못하는 문턱이 하나 있다. "아, 설거지를 제가 직접 해야 한다고요?" 비용을 내고 사먹는 식사인데 내가 왜 설거지를 해야 하지, 하는 의문 가득한 답을 받곤 한다. 마을밥상에서는 사회에서 으레 무시되거나 가볍게 여겨지는 살림의 가치가 그에 걸맞게 인정받고 순환된다.

자라나는 배움터 아이들은 학교에서뿐 아니라 가정에서도 일관되게 살림을 배운다. 자기가 먹은 것을 설거지하는 일부터 하루 일상을 보낸 학교 공간을 청소하고 내일을 위해 준비하는 일, 자기가 쓸 공책을 철 지난 달력이나 종이를 활용해 끈으로 엮어 공책으로 만드는 일, 함께 나누어 먹을 새참을 준비하는 일, 매실을 씻고 손질해 청으로 담그거나 밭에서 농사지어 거둔 소산물로 제철김치를 담그는 일까지 어느 하나 억지로 만들어 낸 일이 없다. 그저 일상 속 자연스러운 흐름에서 필요한 살림을 떠올리고, 계획하고, 실행한다. 더 큰 변화와 혁명은 실은 자라나는 아이들이 아닌 이미 다 큰 어른들에게서 일어난다. 30~40년을 살림과 떨어져 지냈던 이들이 마을로 삶터를 옮기게 되면서 그제야 자기가 먹을 도시락을 싸보고, 빨래하고, 설거지하고, 마을밥상에서 울력을 하며 생전 처음 수십 개 양파를 까고 썰면서 눈물을 흘린다.

어릴 적부터 자연스럽게 살림을 몸에 들이며 자라온 아이들은 마을 살림터에서 다양한 형태로 접하는 '밥상살림'의 내용을 통해 실제 몸으로 경험하는 살림의 내용을 관념과 연결시켜 보는 경험을 한다. 스스로 정리하고 재해석하며 순환하는 배움 속에서 나의 노동, 살림에 대해 생각해 본다. 또한 고추장, 식혜, 제철김치 등 집에서 부모님이 해주셔서 먹어 보기만 했던 여러 가지를 직접 만들어 보는 경험도 한다. 이렇듯 하나하나 몸에 들이고 배워 가는 과정을 통해 내가 먹는 것이 곧 이 땅, 우주와 연결되어 있음을 감각하고 알아 간다.

"방학 첫 함께하는 기쁨을 누리는 날이었다. 오전에 밥상 울력을 했다. 3년 차라 그런지 익숙했다. 밥상에 들어가니 맞아 주시는 이모삼촌들이 반가웠다. 양배추를 썰고, 양파 껍질을 까고, 얼갈이를 썰었다. 이야기를 나누며 써는 것도 즐거웠지만, 침묵하며 하는 것도 좋았다. 밥 짓는 이모삼촌들과 묻고 소통하는 것이 즐거웠다. 우리를 보고 기뻐하시는 이모삼촌들 보며 따라 기뻤다. 내 작은 애씀이 누군가에게 힘이 되고 기쁨이 될 수 있다는 사실이 고맙다. 그 시간이 나에게도 생기 가득 얻는 알찬 시간이었기에 정말로 서로가 서로를 살리는 일이었다 고백하게 된다. 이런 기쁨을 누릴 수 있는 나는 큰 사랑을 선물로 받은 것이구나. 오늘도 그 사랑 참 잘 누렸다 싶어 뿌듯하다."

"마을밥상과 찻집, 평소에 많이 가는 곳이다. 밥을 먹으러, 차 마시고 놀러 가던 곳을 울력하며 밥 짓고 청소를 하고 청을 만든다. 어느 때는 손님이 되기도 하고, 어느 때는 내가 주인 되는 것이 얼마나 중요하고 큰 배움인지 느낀다. 주인이 되기도 하고 손님이 되기도 한다. 나누기도 하고 받기도 한다. 도움을 받기도 하고 도움을 준다. 그 사랑을 받고 나눈다."

"다시마도 자르고 감자도 썰고 이것저것 하며 여유롭게 울력했다. 방학 동안 울력을 통해 동무들, 이모삼촌들과 만날 수 있는 시간이 새삼 소중했다. 오늘 같이 울력한 사람이 많았는데, 함께하는 힘이 얼마나 큰지 느꼈다. 함께하고 있는 것! 기억하고 싶다."

"효소에 대해 잘 알지 못하니 그 가치에 대해서도 알 수 없었는데, 공부를 하고 나니 효소에게 고맙다. 모든 질병의 근원적인 원인이 효소의 부족이라는 점에서 그 중요성을 체감할 수 있었다. 우리 몸에서 효소가 가장 잘 활동할 수 있는 환경이 약알칼리성이라고 하는데, 이렇다면 우리 몸속 효소들도 그 기능을 잘할 수 없을 것이다. 산성화되어 가는 우리 몸을 지키기 위해 여러 영양소의 총집합인 통곡식을 꼭꼭 씹어 충분히 먹고 깨어서 주체적으로 지내야겠다."

_중등 푸른이들이 쓴 날적이

더불어 마을 아이들과 만나는 수업은 밥을 짓는 이들에게도 중요한 과정이다. 밥 짓는 이들은 스스로를 밥하고 살림하는 몫에만 제한하지 않고, 밥상에서 이루어지는 여러 살림의 내용과 흐름을 관념으로 풀어내는 정리를 꾸준히 한다. 그리고 이를 일상과 배움터에서 나누고 순환하는 몫을 게을리하지 않는다. 때와 정황에 따라 쉬어 가거나 다음을 준비하는 과정으로 둘 수 있지만, 먹는 것에서만 순환을 이루지 않고 밥상에서 경험하는 살림의 씨알 또한 마을의 여러 세대에 순환할 수 있도록 갈무리하고 나누는 몫을 늘 염두에 두며 살림을 해간다.

밝은누리에서 꾸려 가는 일상에서는 자본주의 사회에서 소비자가 지불하는 비용에 포함되어 신경 쓰지 않게 되거나 미처 가닿을 수 없는 영역의 살림이 새롭게 발견되고 비로소 몸에 들어온다. 이는 마을 벗들이 밥상을 어떻게 이용하고 있는지를 통해 잘 드러난다. 요즘 시대에 외식업을 창업하고 식당을 운영하는 이들이 가장 중요하게 생각하는 것은 식당에 매겨지는 평점과 후기를 관리하는 일이다. 살림터를 기반으로 하는 단골이 없기에 SNS를 통해 유통되는 식당의 평가와 평판이 큰 영향을 미친다. 심지어 대가를 주고 평점과 후기를 잘 써주길 부탁하는 주객이 전도된 상황까지 생기기도 한다.

마을밥상에 오는 벗들은 밥상을 평가하거나 차림을 보고 불평하지 않는다. 이는 마을밥상을 운영하고 이용하는 이들이 유통과 소비가 아닌 생산을 중심에 두고 만나기에 가능한 일이다. 저마다에 깃들어 있는 하늘, 또 내가 먹는 것에 깃들어 있는 하늘을 밥으로 재생산, 순환시켜 준 이들에게 고마움 느끼며 그 살림의 가치를 바로 알고 먹는다.

자연스럽게 몸에 깃든 살림의 감각은 밥상을 이용하는 이들의 입맛에도 변화를 준다. 기본적으로 마을밥상에서 내는 밥, 국, 차림의 간은 세지 않고 어린아이들도 먹을 수 있도록 담백하게 만든다. 처음 마을로 삶터를 옮기고 밥상을 접한 이들은 평생 먹어 온 맛과 차이가 제법 큰 밥을 먹으며, 자연스럽게 또는 긴 시간에 걸쳐 입맛의 변화를 거치고 적응한다.

어려서부터 마을에서 나고 자란 아이들은 오히려 이 과정을 자연스럽게 보낸다. 태어나 처음 먹는 밥이 마을밥상 음식이기에 자연스럽게 입맛이 거기에 맞춰 자라게 된다. 더불어 아이들은 밥상을 통해 우리가 어린 시절 많이 들어 왔던 밥상머리 교육을 엄마아빠뿐 아니라 밥상에서 만나는 마을 이모삼촌들로부터 받으며 자라난다. 밥을 대하는 마음, 함께 밥 먹는 곳에서 곱게 어울리는 몸가짐, 정성껏 지어진 밥을 고마운 마음으로 천천히 꼭꼭 씹어 먹는 태도 등 밥상머리 교육이 자연스럽게 이루어진다. 온 마을이 한 아이를 함께 키운다고 했듯, 마을밥상에서는 엄마아빠가 따로 있지 않다. 옆에 앉은 이모삼촌이 그 몫을 기억하며 밥상머리 교육에 함께한다.

❷ 노동의 재해석 : 삶으로 새롭게 이해하고 몸에 들이는 노동

묵자는 인간의 존립 근거를 노동에서 찾았다. 다른 동물과 달리 인간은 노동을 해야만 살아갈 수 있는 존재이며, 따라서 노력 없이 부귀를 누리는 것을 반대했다. 밥상은 바로 이러한 노동의 결과물로, 알맞은 노동을 통해 얻은 음식을 나누는 것이야말로 묵자가 강조한 삶의 방식이다. 밥상은 노동의 가치를 깨닫고 그 결실을 나누는 곳이다.

> "그러나 사람은 이들 짐승과는 달리 노동에 의지해야만 살아갈 수 있고 노동하지 않으면 살아갈 수 없는 존재다. 군자가 정사에 힘쓰지 않으면 질서가 어지럽고, 인민이 힘써 일하지 않으면 재용이 부족하다. 농부들은 아침 일찍 들에 나가 저녁에 들어오기까지 밭 갈고 씨 뿌려 곡식을 많이 거두는 것이 그들이 맡은 직분이다." _《묵자》 비악 상

마을밥상에서 경험하는 노동은 묵자가 펼친 사상을 일상의 든든한 살림터에서 보다 유쾌하고 선명하게 구현하고 있다. 밥상에서 하는 노동이 물질적 대가를 받는 것으로 한정되지 않고, 마을에서 함께 살아가는 이들과 더욱 깊이 만나고 교감하는 사랑방으로 연결되고 재해석되는 경

우가 더 많다. 품고 있던 생각과 관념이 밥상을 매개로 여러 마을 벗들과 만나 노동하고 이야기하는 중에 변화된다. 짙었던 생각이 옅어지기도 하고, 모호하고 흐렸던 마음이 또렷해지는 경험도 한다.

노동을 하며 소진되는 것이 아니라 밥상에서 울력을 하고, 밥을 짓고, 밥상에 찾아오는 이들을 맞이하고 이야기 나누는 과정을 통해 몸과 마음이 새롭게 되는 경험이 반복적으로 쌓이게 된다. 그러다 보니 마을밥상에는 마을살이에 적응하며 뿌리내리고 있는 벗들이 자주 찾아온다. 울력을 하며 마을을 경험하는 장으로, 또 새롭게 노동을 경험하는 기회로 여기며 발걸음 가볍게 온다.

마을밥상 노동을 일상을 균형 있게 꾸리며 유지하는 동력으로 삼아 지내는 이들도 있다. 마을 배움터에서 교사로 지내는 한 마을 벗은 수업을 준비하고 연구하는 시간 중 일부를 밥상모심 시간으로 떼어 놓고 꾸준히 밥상 울력을 하며 지낸다. 단지 시간이 비어서가 아니라, 하루의 연구시간을 보내며 오전을 밥상 울력으로 시작하면 일상이 늘어지거나 게을러지지 않고 맑고 밝게 일상을 이어 갈 수 있기 때문이라고 고백한다. 직장생활을 하며 밥상지킴이를 하는 한 마을 벗은 지나치게 일에 몰입하게 될 때 벗들과 함께 나눌 저녁밥상을 떠올린다고 한다. 밥상 문 닫기 전에 퇴근해 마을로 돌아올 수 있어 되려 고맙고 다행이라고 이야기하기도 한다.

이렇듯 함께하는 울력뿐 아니라 마을밥상과 더불어 짓는 일상의 흐름은 묵자가 당시 노동에 대한 철학을 펼친 것에서 더 나아가, 일상에서 참된 노동의 가치와 모습을 찾아가는 실제 사례와 다름없다.

❸ 함께 살림하는 호혜경제의 중심

밝은누리는 가진 사람과 가지지 못한 사람이 서로 돕고 살아가는 동학의 유무상자 경제공동체 모습과 맞닿아 있다. 인위적으로 벌이를 똑같이 맞춘다는 의미가 아니라, 동학이 추구했던 서로 도움을 주며 사는 방식을 현실에서 구현하고자 한다. 이는 어떤 목표나 과업의 설정이 아닌 단순소박한 삶을 지향하는 과정에서 자연스럽게 경제적으로도 서로 살피고 살리는 삶과 문화 속에서 일구어진 것이다.

마을밥상은 처음 문 열고 지금까지 이러한 뜻을 밥값 책정에도 반영하고 있다. 한 끼 밥값은 10여 년이 지나는 동안 천 원이 올랐다. 한 달치를 먹을 경우에는 '달밥'이라는 회원제를 통해 매끼마다 비용을 지불하는 것보다 저렴한 비용으로 먹을 수 있다. 마을 식구 대부분은 점심 저녁을 달밥으로 신청하고, 직장인들은 형편에 따라 한 끼를 정해 달밥을 신청해 먹는다.

좋은 재료로 정성껏 짓기에 때마다 오르는 물가를 감당할 수 있는지 자주 질문을 받는데, 어떤 이들은 정해진 달밥비용보다 더 많은 금액을 보낸다. 밥상에서 김치 울력을 하거나 시설을 정비하고 보수할 필요가 있을 때는 두레별로 재정을 보태고, 함께하는 울력으로 해결하는 경우도 많다.

밥상을 이용하는 이들은 '주거니 받거니' 하며 서로 살리는 사례를 만들어 가기도 한다. '밥으로부터 소외되지 않는다'는 뜻을 토대로 재정적 어려움이 있는 마을 벗들은 '밥상 장학생'이라 불리는 이름으로 필요한 기간 동안 비용을 지불하지 않고 밥을 먹기도 한다. 이는 더 아름다운 순환을 만들기도 하는데, 예의와 염치를 가지고 구체적인 소통과 약속, 기한을 정해 스스로 주체적인 살림을 하며 이 기간을 보낸다. 예상치 못한 변수가 생겨 기한을 다시 정하게 되면, 때에 맞게 소통하고 더 고맙고 값진 마음으로 밥상을 대한다. 평일에 품을 내기 어려운 때는 주말이나 여유 있는 시간에 밥상 울력 등 다양한 방식으로 밥상을 함께 꾸려 간다.

마을밥상은 묵자가 강조했던 절용의 원리를 일구어 가는 데도 중요한 몫을 한다. 밥상에 모심지기로 발을 들이고 본격적으로 밥상살림을 경험할 때 앞선 이들에게 자주 듣게 되는 이야기가 있다. "밥상에서는 버리는 게 하나도 없어요." 밥을 먹는 것은 내가 먹는 밥알 한 알에 있는 하늘이 나를 먹여 살리는 것(이천식천以天食天)이기에, 나를 먹여 살리는 하늘이 담긴 식재료를 대할 때 한 번 더 생각하게 되는 이유이다.

양파, 당근, 버섯, 무, 호박 등 재료를 다듬으며 나오는 자투리 조각들은 국을 끓일 때 맛을 내는 역할로 사용한다. 향이 강하지 않은 나물을 데친 물은 국을 끓일 때 사용해서 더 시원하고 깊은 맛을 낸다. 향이 강한 나물을 데친 물은 부지런한 이가 집에 가져가 발물(족욕) 하는 데 사용한다. 국물 맛을 내기 위해 우려낸 다시마는 얇고 길게 썰어서 국에 넣어 함께 먹는다. 정수기에서 생수를 받을 때 나오는 산성수를 따로 받아 두어 설거지물로 활용한다. 이렇게 정리하다 보면 사례가 끝이 없을 정도이다.

밥상에 올리는 차림 재료를 정할 때도 묵자가 강조했던 절용의 정신이 깊이 배어들어 있음을 본다. 미디어에서 때마다 유행하는 음식이나 조리법에 영향받지 않고, 가능한 제철 식재료를 사용해 초과로 소비하거나 유통하지 않도록 경계한다. 밥상 차림을 짜면서 맛있게 먹을 수 있는 차림도 중요하지만 제철 차림인지, 밥상에서 운용하는 예산 범위에서 소화할 수 있는지, 밥 짓는 이들이 몸과 마음 지키며 맑고 밝게 밥을 지을 수 있는 노동 수위 차림인지를 중요하게 고민한다.

밥상살림을 이어 오며 쌓인 역량과 경험을 바탕으로, 찬이 남거나 재료가 필요 이상으로 남지 않도록 밥 짓는 양을 잘 조절하는 데 주의를 기울인다. 그럼에도 남는 찬이나 재료가 있을 때는 새로운 차림을 만들거나 알맞게 먹을 수 있도록 때와 방식을 조율하여 초과소비와 낭비를 줄인다.

> "그 나라 안에서 나라 살림의 낭비를 없앰으로써 그 나라의 살림을 두 배로 만들 수 있다는 말이다. (…) 재화를 소비하는 데 낭비가 없으므로 백성의 노동력은 지치지 않으면서도 이익은 더욱 커지는 것이다." _《묵자》 절용 상

마을밥상 지기들이 밥상을 처음 찾는 이들에게 전하는 말이 있다. "원하는 만큼 많이 뜨셔도 되는데, 밥을 남기지는 말아주세요." 요즘 바깥 식당이나 단체급식을 하는 학교 등의 교육기관을 가보면 먹지도 않고 버려지는 양이 상상을 초월할 정도로 많다. 마을밥상에서는 그런 풍경을 거의 찾아보기 어렵다. 마을 식구들은 밥을 남기지 않고 고마운 마음으로 먹는 게 몸에 자연스럽게 배어 있는데, 이는 밥상을 이용하는 이들의 영성과도 연결되어 있다. 고마운 마음으로 밥상을 대하고, 밥알 한 알에 담긴 하늘을 떠올리며 남기지 않고 꼭꼭 씹어 먹는 모습을 본다.

❹ 함께 살림하며 곱게 어울리는 관계와 평화

밥상을 꾸려 가는 밥상지기들은 때마다 변동이 있지만 적게는 3명,

많게는 6~7명으로 이루어지는 또 하나의 작은 두레이다. 밥상 전반을 이끌어 가는 주체가 있지만, 함께하는 밥상지기들은 주체와 같은 마음으로 저마다의 몫과 역할을 맡아 살림을 함께 책임진다. 살림을 해가는 지기들이 함께하는 관계 속에서 작동하는 힘을 조율하여 밥상살림을 하고 상향하는 삶을 꾸려 가는 실천은 하나의 종합예술과도 같다.

   살림을 같이 하기에 때로 갈등이 생겨나기도 하고 생각이 달라 의견 조율이 필요할 때도 있다. 중요한 것은 함께 살림하며 밥상을 꾸려 가는 지기들이 공동인식과 감성을 지닌 주체, 장(場)/사이(間) 주체로 함께한다는 것이다.[2] 밥상살림을 잘 꾸려 가기 위해 내려오는 매뉴얼이나 문헌이 따로 있지 않고, 저마다 경험한 밥상살림의 인식 속에서 온몸에 새겨진 감각을 통해 이 과정을 함께한다. 함께 공유하는 공동인식과 감각을 기반으로 밥상의 고유한 문화, 흐름, 언어가 생성되는 것이 자연스러운 이유이다.

   한 지기는 밥상에서 밥을 짓는 역할만 하다가, 새롭게 밥상에서 한 주간 먹을 열 끼의 차림을 짜고 필요한 식재료를 주문하는 역할을 맡게 되었다. 장(場)이 변화하니 주체 또한 새로워지는 경험을 함께했다. 이전에는 보이지 않았던 감각과 시선으로 함께 살림하는 이들을 살피고 애쓰게 된다. 나아가 주체의 결을 따라 밥상살림을 해가는 고유한 흐름과 주체성이 발현되기도 한다. 밥상에서 필요한 일을 기획하고 꾸려 가는 데

---

2 "삶과 인식의 순화과정을 함께 온몸으로 겪으며 생성되는 주체, 생활문화와 습속이 얽힌 '공동인식과 감성'을 지닌 주체를 '장(場)/사이(間) 주체'라 한다. 이러한 주체의 공동인식과 감성, 믿음과 삶을 통해 그 살림터에 고유한 언어가 생성되고 의미를 갖게 된다. 삶터에 고유한 생활양식과 문화가 생성된다. 살림터마다 고유한 언어와 생활양식, 문화가 만들어지는 것은 '장(場) 주체'가 생성되고 주체작용이 이루어지는 당연한 현상이다." _철호, 《살림학 얼과 길》(밝은봄, 2024), 74쪽

있어서도 새로운 것을 잘 떠올리고 제안하는 이와 묵묵하게 중심을 잡고 기본에 충실한 이가 현안마다 함께 균형을 맞춰 알맞은 방향을 찾아가는 과정 또한 중요하다. 때때로 치열함과 어려움을 마주하기도 하지만 서로를 깊이 알아 가고 밥상살림의 경험과 역량을 쌓아 가는 유익한 과정이 된다.

더불어 밥상에서 밥을 짓는 과정은 곧 일상에서 마주하는 '평화'의 실재이다. 밥상에서 모심을 하는 많은 이들이 밥상에서 조용히 재료를 씻고, 다듬고, 써는 과정이 평화롭다고 이야기한다. 고요히 재료 앞에 머물며 손의 감각을 느끼고 정성스럽게 해가는 작업이 소중하고 고마운 이유이다. 그렇게 내면의 평화를 지닐 때 함께 밥 짓는 이들의 기운을 더 잘 살피며 곱게 어울려 한 끼의 밥상을 정성스럽게 차릴 수 있게 된다.

이렇듯, 함께 밥을 짓는 현장에서는 밥 짓는 이들이 서로를 살피며 돕는다. 지기 두 명이 밥을 짓던 날 먼저 밥상모심을 시작한 지기가 평소와 다르게 안 하던 실수를 하고 조급한 마음에 호흡이 가빠진 때가 있었다. 뒤이어 도착한 지기는 이런 기운을 감지하고, 밥을 짓고 차리는 시간 동안 별다른 말 없이 묵묵히 침묵하며 해야 할 몫을 하면서 함께하는 지기를 살피고 이끌었다.

함께 밥을 지으며 쌓인 경험과 역량은 밥을 짓는 기술로만 축적되지 않고, 서로를 살피는 기운과 평화를 이루는 내면의 힘으로도 구현된다. 밥상에서 함께 살림하며 만나는 밥상지기, 모심지기가 곱게 어울려 만들어 내는 관계와 합은 그 자체로도 배움과 성숙의 계기가 된다. 살림의 세세한 부분에서 마주하는 서로의 다름과 생각을 조율하는 일은 피할 수 없다. 이를 풀어 가는 방식에서 서로에게 쌓인 애정과 신뢰를 기반으로 조율하고 맞춰 가며 평화를 이루는 것이다. 어느 한 시점의 완결되는 때가 있는 것이 아니라, 매 순간 함께 깨어 있음을 선택하며 곱게 어울리는 길 위에 저마다의 수련으로 함께 간다.

4. 잇고 짓는 살림생태계의 든든한 뿌리, 마을밥상

나와 둘레 생명을 향해 펼치는 동학의 향아설위와 더불어, 노자, 묵자의 얼과 가치가 밝은누리 마을밥상을 통해 다양한 삶의 영역에서 새롭게 해석되고 재창조되어 계승되는 모습을 살펴보았다. 마을밥상이 이런 역할을 할 수 있는 가장 중요한 이유는 무엇보다 마을이라는 살림터를 공유하며 함께 살아가는 관계망이 있기 때문이다. 동학이 추구했던 개벽세상, 묵자가 이루려 했던 안생생 사회는 일상에서 밥을 함께 먹으며 살아가는 관계망과 삶터를 기반으로 생각하고 꾸려 가야 한다.

하늘땅살이, 경제, 정치, 교육, 평화까지 이 책에서 담고자 하는 여러 갈피와 내용들이 마을밥상을 통해 하나하나 풀어지고 사례를 찾아갈 수 있는 까닭이다. 매일 밥을 먹는 관계망과 삶터를 토대로 다양한 영역의 이야기와 실재들이 펼쳐지는 생생한 장, 마을밥상을 주목하게 된다.

마을살이의 구심이 되는 마을밥상은 노자-묵자-동학-살림학이 명을 가지고 이어지는 동안 여러 마을과 살림터에서 근본이 되는 운동이자 열매로 이어져 왔다. 앞서 이야기했듯, 향아설위를 구현하는 마을밥상에서 무엇보다 중요한 것은 일상을 나누며 밥상에서 함께 밥을 먹고 생기를 나누는 일이다. 이 근본이 흔들리지 않고 견고하게 이어질 때, 앞으로 펼쳐질 살림생태계가 더욱 풍성하고 아름다워지리라 믿는다.

4장

마을, 새로운 경제의 터전을 빚다

살림경제의 지혜와 슬기를 잇는 실천

1. 삶과 통합된 실천, 살림경제

무한증식 자본주의는 지난 300여 년간 우리 문명의 물질적 측면뿐 아니라 정신과 문화까지도 지배하고 있다. 그 영향으로 인간 삶의 터전과 생태계 전체가 위기에 처해 있지만, 대안에 대한 모색은 여전히 파편적이거나 기존 패러다임에 갇혀 있는 듯하다. 경제가 통전적으로 짜인 사회 구조의 한 층위임을 생각할 때, 경제제도만을 떼어 내서 대안을 논하는 환원적인 접근은 한계를 갖는다.

삶의 위기를 극복하려면 대안적 경제 질서를 실현하는 근본적인 살림터에 주목해야 한다. 대안을 생성해 내는 일은 통전적 삶의 바탕에서만 가능하기 때문이다. 살림경제학은 경제를 삶과 유리된 물질적 생산과 소비로 정의하지 않고, 삶과 통합된 실천으로 이해한다. 그 실천은 곧 일상의 관계가 살아 있는 터전(마을)을 토대로 일어난다.

이 글에서는 먼저, 무한증식 경제가 우리 문명을 지배하게 된 과정을 살펴보고 경제의 본래 의미를 되짚어 본다. 다음으로, 경제의 본래 모습인 살림경제가 노자, 묵자, 동학에서 사상적으로 어떻게 연결되며 구체적 실천으로 이어졌는지 밝혀 본다. 나아가, 이러한 살림경제의 지혜와 슬기가 오늘날 밝은누리 한몸살이에서 어떤 모습으로 실천적으로 계승되고 있는지 살펴보고자 한다.

2. 일상을 지배하는 무한증식 자본주의[1]

❶ 교환가치 중심

교환가치는 한 물건을 다른 물건과 교환할 때 부여되는 가치, 즉 시장에서 부여되는 가치이다. 한편 사용가치는 물건이 내게 얼마나 유용한지, 어떤 만족과 행복을 주는지에 따라 중요도가 결정된다. 자본주의 경제에서는 화폐로 환산되는 교환가치가 압도적으로 중요한 가치 기준으로 여겨진다. 건강한 노동의 장이나 동료 관계, 노동으로부터 얻는 만족감 같은 사용가치는 장부상에 존재하지 않기에 가치로 인정받지 못한다. 이는 '시장에서 얼마에 거래될 수 있는가'가 '얼마나 유용한가'보다 중요해지는 결과를 낳는다.

❷ 자본증식 자체가 목적

자본주의 경제는 자본증식 자체를 목적으로 한다. 자본을 통해 더 많은 자본을 축적하고자 한다. 화폐는 단순히 상품 교환을 위한 수단이 아니라, 더 많은 자본을 끌어들이는 순환 구조를 통해 끊임없이 스스로 증식하는 가치로 기능한다. 이 과정에는 인간의 필요를 충족시키는 도달점이 없다.

---

[1] 원, '하늘 땅 사람 더불어 사는 살림경제', 〈살림꽃—살림학 토론회 자료집〉(2024)을 바탕으로 정리했다.

❸ 살림의 필요와 괴리된 자원 배분

무한증식하는 자본시장은 사회적 필요보다 자본이 빠르게 증식할 수 있는 사업을 중심으로 자원과 개인의 진로를 배치하는 강력한 힘을 지닌다. 세계경제는 평균 3% 성장을 지탱하기 위해 매년 막대한 규모의 신규 투자 출구를 찾는다. 이는 지구의 지속가능한 최대 임계치를 넘어서는 자연 자원의 투입을 요구한다. 이러한 현실은 지금의 경제원리가 인류와 지구의 살림살이를 위한 것이 아님을 보여 준다.

3. 경제의 역사

❶ 경제의 본래 의미: 살림살이

자본의 무한증식 경제가 대두된 시기는 길게 잡아 약 300년 전으로, 그 이전까지 경제는 다름 아닌 살림경제였다. 경제(經濟)는 '경세제민(經世濟民)'의 줄임말로, 세상을 다스리고 백성을 구제한다는 뜻이다. 여기에 자본을 증식한다는 의미는 담겨 있지 않다. 서양의 '이코노미(economy)'라는 단어는 헬라어 '오이코노미아(oikonomia)'에서 유래한다. 이는 '오이코스(가정 또는 유기적 공동체)'와 '노미아(살림)'가 합쳐진 말로, 그리스 사회의 기초였던 가정이나 폴리스의 살림살이를 어떻게 잘 꾸릴 것인가 하는 것이 본래 의미였다.

❷ 무한증식 경제에 포섭된 살림살이

경제의 중심이 살림살이의 의미에서 벗어나기 시작한 것은 중세 유럽에서부터였다.[2] 전쟁을 위한 국가자금의 확보가 중요해지면서 세금, 화폐 발행, 무역 등에 국가가 관심을 갖기 시작했다. 그러나 여기까지도 여전히 경제의 중심은 국가의 살림살이 운영이었다.

이후 19세기에 기계제 생산과 산업혁명의 도래로 시장경제가 시작되며 새로운 현상이 나타난다. 첫째, 경제학의 출현이다. 근대과학의 방법론을 따른 경제학은 가치라는 개념을 통해 경제활동을 수량화하려고 했다. 복잡한 경제문제에 답을 찾으려는 시도였지만, 이 과정에서 추상화된 모델을 본질적인 사회의 모습이라고 오인하는 오류에 빠졌다. 경제의 근본이 살림살이라는 점을 망각하고, 계산상의 숫자 극대화, 즉 자본 증식만을 가장 중요한 합리성으로 보는 사고방식이 자리 잡았다.

둘째, 기술개발 결합에 따른 자본증식의 가속화이다. 기술발전으로 효율이 좋아지면 더 적은 에너지로 같은 수준의 생산을 해낼 수 있기에, 성장을 하면서도 자원을 적게 쓸 수 있다는 믿음이 있었다. 하지만 기술혁신은 오히려 더 빠르게 생산을 이끌어 내는 방식으로 사회를 조직했다. 증기기관이 발명되면서 석탄소비가 줄어들 거라 예상했지만, 그 잉여로 더 많은 투자와 생산이 일어나며 석탄소비가 폭발적으로 증가한 사례가 이에 해당한다. 이처럼 더 많은 생산은 더 빠른 자본증식으로 이어졌다.

20세기에는 이전에 살림경제의 요소였던 것들(육아, 밥상, 돌봄 등)까지도 상품화되었다. 그러면서 사람들은 살림경제가 무한증식 경제의 하위로 포섭되었다고 생각하게 되었다. 고대와 중세 사상가들은 살림살이를 목적이자 근간으로 보고 자본증식을 부분으로 보았으나, 오늘날은 그 반대가 되었다. 살림경제는 교환가치의 형성과 생산 및 분배 과정에서

---

2   홍기빈, 《살림/살이 경제학을 위하여》(지식의날개, 2012)

숫자로 잡히는 만큼만 포착되었고, 그 자체로 독자적인 의미와 조직원리가 있다는 점은 무시되었다.

 부분만을 고려하고 전체(하늘, 땅, 사람)를 고려하지 못하는 경제원리는 지속성과 재생산이 불가능한 삶의 방식을 만들었다. 특히 코로나19 위기는 무한증식 경제의 허약함을 확인시켜 주었다. 초국적 연결망에 기대어 있던 세계경제가 돌림병으로 거의 중단되었던 일은, 경제의 무한성장이 물리적으로 가능하지 않음을 현실로 증명했다. 이는 근본적인 원리의 전환이 필수적으로 요구됨을 보여 준다.

4. 살림경제의 원리와 질서 전환

❶ 살림경제의 호혜적 기반

 살림경제는 "개인이나 가정, 사회조직 단위 다양한 층위의 살림살이를 장단기적으로 전망하고 조율해 먹여 살리는 실천"[3]이다. 살림경제가 아름답게 구현되는 모습은 함께 밥 먹는 모습으로 형상화되며, 한자 평화(平和)는 이를 반영한다.[4] 이는 차별 없는 사랑에 기반하여 서로를 이롭게 하는 경제이다. 묵자의 사상에서 보듯, 이익(利)의 추구는 공동체의 이익, 나아가 하늘 땅 사람이 풍요롭게 더불어 사는 이익으로 연결될 때 의로움(義)이 된다.

 살림경제는 자본주의 시장경제와 대비되는 호혜(互惠)경제나 증답(贈

---

3 철호, 《살림학 얼과 길》(밝은봄, 2024), 48쪽

4 앞의 책, 49쪽

쏨)경제의 형태로 인류의 삶 속에 늘 존재해 왔다.[5] 살림경제학은 경제를 가시적인 양식이나 제도만을 떼어 내서 논하는 접근을 경계한다. 대신, 한 삶터에서 어떻게 관계 맺고 살아가는지에 대한 총체적인 이해 속에서 실천을 일으키는 힘과 관장하는 주체의 생성과 조직화에 주목한다.

❷ 공동체적 주체의 형성과 호혜의 순환

살림경제의 주체는 시장경제의 개체적 개인이 아니라 공동체이다. 자본주의에서의 거래는 즉각적인 교환을 전제로 한다. 반면, 호혜교환은 긴 시간을 두고 천천히 일어나며 일대일 관계를 넘어선 총체적 증여의 형태를 취한다. 내가 갑돌이에게 선물을 하고, 갑돌이는 철수에게 선물을 한다. 그리고 철수는 나에게 선물을 한다. 이렇듯 긴 시간 돌고 돌아 결국 나에게 유익이 되는 방식으로 균형과 효율적인 분배가 이루어진다.

이러한 호혜거래를 가능하게 하는 것은 관계에 대한 신뢰이다. 선물을 고마움으로 받고 염치 있게 되갚을 것에 대한 믿음이 호혜의 순환을 가능하게 하는 것이다.[6] 총체적 호혜는 개인과 집단 간의 지속적인 관계를 창조하는 과정이 되며, 개인은 화폐가 아니라 공동체를 통해 자신의 필요를 채우는 경험을 축적해 간다. 자신에게 당장 직접적인 이익이 되지 않아도 그것이 공동체에 유익이 됨을 믿고 기꺼이 주게 되는 것이다. 이러한 신뢰 기반의 공동체적 주체 형성이 살림경제 실현의 핵심 동력이며,

---

5 본 글에서는 살림경제와 호혜경제를 혼용해서 사용하고자 한다.

6 관계에서 예의와 염치가 뿌리내려 있지 않으면 호혜경제는 무임승차의 덫에 빠지고 만다. 선물경제 개념에 근거해 손님들이 자발적으로 음식 가격을 정해 내도록 한 파네라(Panera) 돌봄 공동체 카페의 사례가 소개된다. 도시 일반소비자들이 손님이었던 카페는 결국 재정적자로 문을 닫게 된다. _크리스티나 펭, '왜 대부분의 선물경제가 실패하는가', 브라운 데일리 헤럴드(2022. 9. 13.)

이는 기존 자본주의 경제와 근본적으로 다른 가치와 관계의 질서 전환을 요구한다.

❸ 살림경제의 질서 전환: 가치와 관계

염치와 총제적 호혜 정신에 기반한 살림경제는 기존 자본주의 경제와 근본적으로 다른 질서를 만들어 낸다.

° 교환가치에서 공동체적 가치로 전환

자본주의 경제에서는 화폐적 교환가치가 중요한 가치 기준이다. 그러나 호혜경제에서는 대상을 선물로 주고받으며, 선물의 가치는 시장 가격이 아닌 공동체에서 부여하는 가치 기준에 따라 고유하게 정해진다. 대상에 주어지는 상징적, 문화적, 정치적인 요인들이 결부되어 사회 구성원들이 가치 있다고 인정한 것에 주어지는 가치인 것이다. 호혜교환은 공동체의 가치 기준에 기반해 이루어질 뿐 아니라, 물질 교환을 통해 가치체계를 재생산하는 역할을 한다. 이처럼 가치 기준을 공유하고 재생산하는 행위는 공동체의 응집력과 정체성을 강화하여 지속가능성을 극대화한다.

° 상품화된 관계에서 살림의 관계로 전환

무한증식 자본주의에서의 교환은 대상과 주체의 분리를 전제로 이루어지며, 모든 것이 상품화의 대상이 된다. 반면 호혜교환은 대상과 주체의 분리가 이루어지지 않은 채 사물이 거래된다. 즉, 거래되는 대상 속에는 만든 사람의 혼과 개인적 속성들이 들어가 있다. 따라서 대상물의 교환은 단순히 물질적인 거래가 아니라 주체들의 속성의 교환이고 주체들 간의 사회적 관계의 재생산 과정이다.[7]

이윤 극대화와 경쟁을 추구하는 무한증식 경제가 획일화되고 상품화된 가치를 만들어 낸다면, 신뢰 기반의 살림경제는 공동체적 가치, 주체와 대상의 통합, 공동체적 주체의 재생산이라는 새로운 질서를 만들어 낸다. 이러한 살림경제의 질서와 지혜는 거대 국가와 시장경제에 포섭되지 않고 대안적 질서를 유지해 온 마을공동체 속에서 그 실체를 확인할 수 있다. 이러한 질서가 개체적 실천을 넘어 사회적 재생산력을 갖추기 위해서는, 무한증식 경제의 지배에서 벗어나 이를 지속적으로 구현할 수 있는 구조적 전략과 삶의 터전이 필수적이다. 다음 장에서는 이 원리를 역사적으로 관철해 온 전략적 단위인 마을공동체의 역할을 논한다.

5. 역사 속 마을, 살림경제의 지혜를 잇다

❶ 마을, 살림경제 원리의 근본적 터전

살림경제의 원리가 가장 잘 드러나는 공간은 마을이다. 마을에 당산나무가 있다고 할 때, 이 나무는 시장에서 거래되는 일반 나무의 교환가치로는 설명할 수 없다. 이는 마을 구성원 전체의 염원과 신앙이 깃든 대상으로서 공동체적 가치를 구현한다. 또한 누군가 집을 지을 때 벌어지는 울력과 품앗이는 그 대가를 즉각적으로 받지 않아도 총체적으로 마을에

---

[7] 김왕배, 〈'호혜경제'의 탐색과 전망, 사회와 이론 19〉(한국이론사회학회, 2011)

이익이 되리라는 신뢰를 기반으로 일어난다. 이는 공동체적 주체를 형성하며, 대상과 주체의 분리가 이루어지지 않은 살림의 관계를 형성한다.

마을은 살림경제의 원리가 실천적으로 구현되는 터전일 뿐 아니라, 역사적으로 끊임없이 시도된 국가권력의 통제와 획일화된 시장논리에 대항하는 대안적 경제질서의 근본적 지혜를 담아 온 공간이다. 우리는 고대 동북아 사상가인 노자와 묵자, 그리고 근대의 동학사상 속에서 이러한 마을의 지혜가 어떻게 계승되고 조직되었는지를 살펴보고자 한다. 나아가 마을이라는 하부구조에서 신뢰를 기반으로 한 공동체적 주체가 형성되고 가치와 관계의 질서가 전환되는 과정을 바탕으로 어떻게 그 힘이 극대화되는지 알아보고자 한다.

° 노자: 소국과민을 통한 무위의 살림공동체

고대 동북아의 마을은 향당이라는 지방 행정 구획을 바탕으로 한 사회적 단위였다.[8] 공자의 제자들이 스승의 언행을 기록한 《논어》에는 향당을 예를 기르는 공간으로 인식하는 내용이 있으나, 이와 달리 《예기》의 대학 편에 나오는 '수신제가 치국평천하(修身齊家 治國平天下)'에서는 가족에서 국가로 이어지는 질서 속에서 마을의 역할이 생략된다. 그러나 《도덕경》에는 이와 유사한 구절에서 마을이 나오는 것을 볼 수 있다.

---

8 "5가(家)로 비(比)를 만들어 서로 보호하게 하고 5비로 여(閭)를 만들어 서로 의탁하게 하고 4여로 족(族)을 만들어 서로 장례를 돕게 하고 5족으로 당(黨)을 만들어 서로 재앙을 구제하게 하고 5당으로 주(州)를 만들어 서로 진휼하게 하고 5주로 향(鄕)을 만들어 서로 어진 현자를 접대하게 한다." _지재희 이준영, 《주례》(자유문고, 2002), 130쪽

> "도로 몸을 닦으면 그 몸의 덕은 곧 참되어지고, 도로 가문을 닦으면 그 가문의 덕은 곧 넉넉해지고, 도로 마을을 닦으면 그 마을의 덕은 곧 오래 가고, 도로 나라를 닦으면 그 나라의 덕은 곧 풍요롭게 되고, 도로 천하를 닦으면 그 천하의 덕은 곧 넓게 퍼질 것이다." _《도덕경》 54장

이 구절을 보면, 덕(德)의 발현이 나라 단계에서는 '풍요로운' 데 그치는 반면, 마을 단계에서는 '오래 가는' 것으로 묘사된다. 지속가능성이라는 가치 측면에서 마을의 안정성이 중요함을 이야기한다. 노자가 꿈꾼 마을의 안정적인 모습은 소국과민으로 표현된다. 나라를 작게 하고 백성을 적게 하라는 요청은 거대해지려는 욕망에 제동을 건다. 규모가 거대해지면 다양한 가치를 수치화하여 효율성을 우선하게 되고, 이는 곧 교환가치 중심의 논리로 귀결된다. 노자는 춘추전국시대의 혼란 속에서 거대 권력이 백성의 살림을 파괴하는 현실을 다음과 같이 비판했다.

> "조정은 민중을 심히 닦달하니 농토는 황폐하고 창고는 비었다. (그러나 조정의 사람들은) 의복은 아름다운 수를 놓고, 허리에는 날카로운 칼을 차고, 음식은 물리도록 먹고도 재화는 남아도니 이는 도적의 우두머리 행위이며, 참된 도가 아니다."
> _《도덕경》 53장

소국과민의 구체적 삶은 "소박하고 검소하게 살며 사사로움을 적게 하고 욕심을 줄이라"는 견소포박 소사과욕(見素抱樸 少私寡欲,《도덕경》 19장)과 "사사로운 욕심을 버림으로써 온전한 사사로움을 이룬다"는 비

이기무사야 고능성기사(非以其無私邪 故能成其私, 《도덕경》 7장)로 표현된다. 전자는 물질적 욕망과 사회적 허식에 물들지 않은 마음으로 돌아가 공동체적 가치로 사물을 보는 눈을 기르자는 의미이다. 후자는 즉각적인 개인 만족을 주는 사사로움을 넘어, 대가가 바로 자신에게 돌아오지 않더라도 큰 틀에서 (마을에) 이익을 가져오는 공동체의 유익을 추구하는 온전한 사사로움을 강조한다. 이는 소국과민이라는 터 안에서 공동체적 주체들이 살림의 관계를 유지하며 곱게 어우러져 살아갔음을 짐작하게 하는 대목이다.

° 묵자: 겸애·절용과 마을의 새로운 질서

묵자는 난세 속에서 기존 행정체계였던 향당을 활용하면서도, 하늘의 뜻에 기반한 새로운 질서를 담는 마을을 조직하려는 전략을 동시에 가지고 있었다. 묵자가 지적한 당시의 사회적 혼란은 별애(別愛), 즉 차별적 사랑에서 비롯된다. 이는 혈연과 가까운 관계부터 시작하는 유가의 차등적인 사랑이 사회 전체로 확장되지 못하고, 각자가 자신의 이익이나 의(義)를 주장하는 개별적 주체들에 머물게 되어 혼란을 야기했다. 묵자는 인민의 이익(利)이 곧 의로움(義)이라고 보았다. 이는 이익 추구가 개인의 이익에 국한되지 않고, 공동체의 이익, 나아가 하늘 땅 사람이 풍요롭게 더불어 사는 이익으로 연결될 때 비로소 의롭다는 관점을 반영한다. 이러한 관점은 겸애가 곧 이로움이자 의로움의 바탕이라는 공동체적 가치를 낳는다.

묵자는 공동체적 가치를 훼손하는 낭비를 비판하고, 이를 살림경제에 적용하여 실천하는 방법으로 절용을 제시한다. 첫째, 전쟁으로 인한 수탈을 비판했다. 묵자는 국가가 전쟁을 통해 상대 나라의 잉여가치를 빼앗고, 조세를 통해 백성들의 잉여가치를 수탈하는 현실에 맞선다. 전쟁이 단기적으로는 이익처럼 보여도 장기적으로는 국가 생산력을 파괴하여 결국 모두에게 해가 됨을 경고한다.[9] 둘째, 장례와 음악이 지닌 본래 가치를 잃고 허례허식으로 변한 것을 비판한다. 호화로운 장례는 슬픔의 표현이 아닌 사회적 지위나 부를 과시하는 수단이 되었으며, 이는 인민 전체를 해롭게 함을 이야기했다.[10]

묵자는 이러한 낭비를 막기 위해 절용을 제시했는데, 이는 단순히 지배자들의 소비를 억제하는 소극적인 의미가 아니었다. 절용은 낭비를 막고 그 에너지를 공동체 전체의 이익을 위한 가치 창출로 전환하자는 능동적인 의미, 다시 말해 새롭게 공동체적 가치를 재창출하자는 의미를 담고 있다.[11]

겸애는 당장 나에게 이익이 오지 않더라도 돌고 돌아 결국 공동체 전체에 이익이 된다는 믿음에 바탕한다. 자신의 이익추구를 유보할 수 있는 여유가 생기는데, 이는 자기중심성을 내려놓고 함께하는 장(場)인 공동체를 바라보게 하는 관계적 시야를 제공한다. 또한 절용을 통해 낭비

---

9 "그렇다면 이러한 희생을 무릅쓰고 왜 전쟁을 하는 것인가? 그것은 정복과 승리의 명성을 탐하고 전리품으로 땅을 빼앗으려고 하는 것이다. 묵자가 말했다. 그 승리의 명성을 따져 보면 참으로 쓸모없는 것이며 땅을 빼앗는 비용을 계산해 보면 도리어 손실이 많을 것이다."_《묵자》비공 중

10 "지금 오직 후장과 구상으로 정치를 한다면 국가는 반드시 가난하고, 인민은 반드시 줄어들며, 법과 정치는 반드시 어지러울 것이다."_《묵자》절장 하

11 "성왕의 정치는 정령을 펴 산업을 일으키고 백성들로 하여금 재화를 풍족하게 사용토록 하되 이용후생에 보탬이 되지 않는 것을 결코 하지 않았다. 그리하여 재화를 소비하는 데 낭비가 없으므로 백성의 노동력이 지치지 않으면서도 이익은 더욱 커지는 것이다."_《묵자》절용 상

를 줄여 모두에게 유익이 되는 실천을 몸으로 체화한 사람들은 개별적 주체를 넘어 공동체적 주체로 성장하는 계기가 된다.

묵자는 향당이라는 행정체계의 하위 지역인 향의 지도자(향장)를 어진 이로 뽑아 하늘뜻이 펼쳐지도록 조직하면서도,[12] 다른 한편으로는 거자(巨子)를 지도력으로 하는 조직화된 새로운 몸을 일구어 활동했다. 이러한 조직은 만약 누군가가 하늘의 뜻(겸상애, 교상리)에 반해 다른 나라를 침공하려는 경우 외교적 간언을 넘어 공격받는 성에 가서 방비하는 실천으로 이어지기도 했다.

묵자는 겸애와 절용의 정신을 바탕으로 국가와 시장의 무자비한 질서에 맞서 인민의 안락한 살림살이(안생생)를 목표로 마을을 일구고자 했다. 이러한 묵자의 정신은 이후 동북아 민중의 삶 속에서 면면히 이어지며, 대안적 경제 질서를 모색하는 중요한 지혜로 작용한다.

° 동학: 시천주 사상과 마을공동체의 연대

조선은 유가철학을 근본에 두고 나라를 세웠으나, 시기가 지남에 따라 지방에서 백성들에 대한 수탈이 누적되고 심화되는 문제가 커졌다. 지배층인 양반 사족들은 이러한 지방 사회의 혼란을 해결하고 유교적 도덕 질서를 강화하기 위해 향약과 같은 규약을 통해 향촌 사회의 자치를 유지하려고 했다. 그러나 이는 결국 양반 사족들의 통치를 정당화하고 농민 지배를 위한 권력 공고화 장치로 변질되었다.

이런 지배계급들의 모습과 달리, 농민들은 상호부조와 협동을 기반

---

12 "그런즉 이런 마을을 무슨 학설로 어지럽힐 수 있겠는가? 마을이 다스려진 원인이 무엇인가 살펴보면 향장이 마을의 의리를 하나로 화동 일치시켰기 때문이다. 이로써 마을이 다스려진 것이다." _《묵자》 상동 상

으로 하는 두레를 만들었다. 모내기 기술개발로 인한 대규모 작업의 필요성도 있었지만, 이는 단순히 생산성 증진이라는 목표를 넘어 삶의 전반적인 살림경제의 기반을 마련했다. 두레는 대동회의를 통해 공유지를 함께 관리하고, 어려운 처지의 사람들도 함께 살아갈 수 있는 유무상자의 정신을 자율적으로 실천했다. 두레의 협동적 구조가 살림경제의 틀을 마련했다면, 동학의 시천주 사상은 이 틀에 새로운 가치질서를 불어넣었다.

무한증식 경제 논리에서 교환가치 성립은 질적 생명이 양적으로 물화되어야만 가능하다. 그러나 시천주 사상은 스스로에 내재된 신성을 깨닫고 모시는 실천으로서, 삼경사상에서 말하는 경물(敬物)에까지 이르러 대상을 단순한 재화나 교환가치를 위한 도구가 아님을 깨닫게 한다. 이는 상품화의 대상인 물적 존재를 생명성을 지닌 주체로 받아들이는 공동체적 존재로 전환을 의미한다. 이러한 전환은 각자위심을 극복하고 서로의 삶을 지탱하는 연대의식으로 발전하며, 자기 안의 신성을 함께 이루어 가는 마을공동체로 자리 잡게 했다. 더불어 마을을 기반으로 한 포접제 조직은 마을 단위의 상호부조 전통을 더 응집력 있는 조직으로 바꾸었다. 당시 수탈에 개별적으로 저항하던 사람들은 이런 조직을 통해 체계적으로 대응할 수 있게 되었다.

6. 살림경제의 현대적 실천: 밝은누리

❶ 마을공동체의 복원: 자치 자족 자립하는 살림터

현대사회에서 살림경제를 만들어 가는 것은 앞선 역사적 사례와는 다른 문제지점이 설정된다. 살림경제가 자라날 수 있는 조건인 신뢰에 기반한 공동체적 관계의 부재이다. 이전에는 마을공동체 안에서 함께 일하고 아이를 돌보고 음식을 나누어 먹는 것이 자연스러웠지만, 근대화 이후에는 시장에서 상품거래나 국가 서비스를 통해 일상의 대부분의 필요를 해결한다. 또한 무한증식 자본주의가 물질적 삶뿐 아니라 욕망까지도 지배하게 되면서, 인간의 내면 또한 경제질서가 추동하는 획일적 교환가치에 물들게 되었다. 자본의 힘이 일상을 공기처럼 지배하는 오늘날, 공동체적 관계망을 복원하는 일은 살림경제를 현실화하는 데 중요한 토양이 된다. 그렇기에 우리 시대 살림경제의 사례는 국가와 자본의 영향력에서 벗어나 자치 자족하는 삶을 꾸려 온 대안적 마을공동체들 속에서 찾아볼 수 있다.

밝은누리는 가까운 거리에서 물리적 동선을 공유하는 마을공동체로 살아간다. 두레, 울력, 품앗이라는 살림경제의 원리로 공동의 삶을 꾸려 간다. 두레는 살림경제를 구현하는 상호 협조체라는 성격을 넘어 살림, 육아, 노동 등 삶의 전반을 나누고 함께 고민하며 삶의 필요를 풀어 간다. 두레 구성원은 작은 단위로 꾸리는데, 관계와 조직 속에서 깊은 사귐을 체득하지 않으면 전체 관계가 깊어지기 어렵고, 개체적으로 생각하게 되며, 사는 습관을 바꾸기 어렵기 때문이다. 두레에서 신뢰에 기반한 호혜경제를 깊이 경험하고 마을공동체 차원으로 확대한다. 품앗이와 울력을 통해 일상 삶을 서로 돕고 돌보며 마을의 다양한 일을 함께 해결하기도 한다. 일상에 혼재되어 있는 공적 과제와 사적 과제를 함께하는 힘으로 풀어 간다.

자본주의 경제구조의 모순을 극복하려 할 때, 개인이 좋은 뜻과 의지로 할 수 있는 나눔과 베풂의 살림경제적 실천이 있다. 각자 책임 있게 자기 몫을 다한다는 점에서 필요하다. 그러나 구조적인 문제를 개체적 실천만으로 극복하고자 하는 것은 장기적으로 지속가능하기 어렵고 효과적이지도 않다. 반면 마르크스가 시도했던 생산관계 변혁이나 토지공유제 같은, 구조를 바꾸는 운동이 있을 수 있다. 이러한 운동은 지배체제를 폭로하고 근원적 모순을 해결하고자 하나, 거기에만 주목하면 현재 자기 일상에서 맞닥뜨리는 과제에 책임 있게 대응하지 못하는 한계에 빠질 수 있다. 밝은누리는 마을공동체를 일구며 살림경제를 실현하는 하부구조를 만드는 구조개혁운동과, 일상에서 의식과 문화를 바꾸어 가는 생활문화개혁운동, 그리고 얼을 깨우고 삶으로 실천하는 정신개혁운동을 병행하는 실천전략을 함께 가져간다.

❷ 일상의 필요를 함께 해결: 식의주락을 마을 관계망에서 구현
° 관계와 생명순환을 짓는 마을밥상

밝은누리는 누구나 겪는 살림의 과제를 살림경제 원리로 풀어 가는 과정에서 새로운 양식을 만들어 왔다. 그중의 하나인 마을밥상의 시작은 공동육아 부모들이 서로 돌아가며 밥을 짓는 품앗이 밥상이었다. 밥을 먹는 사람들이 많아지고 밥상 창업에 자원하는 주체가 등장하면서 마을밥상이라는 사업체 형태를 갖추게 되었다. 마을밥상은 개인사업의 형태를 띠지만 시작부터 지금까지 일관되게 마을이 함께하는 품앗이 형태를 유지하고 있다. 이러한 구조는 외부시장의 변동성에 비교적 덜 민감하고 건강한 일자리를 제공하는 동시에, 놀이와 쉼이 함께하는 새로운 노동문화를 실험해 볼 수 있게 한다.

마을밥상의 생활문화개혁은 함께하는 이들이 수동적인 소비자가 아니라 능동적인 운영주체가 되도록 초대한다는 점이다. 운영은 고정적인 책임자(밥상지기)와 마을 사람들의 품앗이 노동인 모심지기(밥상 준비 지원), 그리고 밥상지킴이(뒷정리 및 청소) 역할 분담을 통해 이루어진다. 또한 김장잔치, 마늘 까기, 청소 및 수리 등 주기적인 공동 노동 활동인 울력에 참여한다. 이러한 품앗이와 울력 문화는 마을밥상의 구조를 지탱하는 핵심이다. 정기적으로 비용을 내고 정해진 금액보다 더 많이 내는 행위 역시 운영 참여의 한 형태이며, 공동체 내에서의 연대와 신뢰를 북돋는 문화적 실천이다.

마을밥상의 운영원리는 단순히 경제적 효용성을 넘어, 하늘을 공경하고 생명을 사랑하라는 얼을 바탕으로 하는 생명순환 마을밥상의 가치를 구현한다. 밥상지기들은 밥상모심을 하는 이들이 스스로 해보고 싶은 차림을 만들어 보게 하는 등 살림의 감각을 익힐 수 있는 기회를 열어 주고, 지킴이들은 자율적으로 밥상을 지켜 가면서 밥상지기들이 과도한 노동에 빠지지 않도록 쉼을 제공한다. 일과 놀이, 쉼이 조화롭게 순환하는 건강한 노동문화 실험이라 할 수 있다. 이러한 실험을 마을 사람들의 울력과 품앗이라는 유연한 협동 구조를 통해 현실에서 구현하도록 노력하고 있다. 건강한 먹거리 선택과 새로운 노동문화는 개개인의 양생뿐 아니라 생명살림의 가치를 일상의 가장 기본적인 행위인 식생활에 뿌리내리게 한다.

° 물품 순환과 청지기 정신을 기르는 나눔터

밝은누리는 온라인 누리집을 통해 상시적으로 물건을 나누고 계절마다 열리는 옷나눔 잔치를 통해 다양한 필수적인 물품을 나누기도 한다.

이는 기존의 시장을 통하지 않고 물품을 더 길게 나눠 쓰게 하여 자원의 순환을 높이고, 외부의 생산-소비의 순환에 대한 의존도는 낮춘다.

아이들은 물려받은 물건(예: 가방에 적힌 마을 언니 이름)을 자랑스럽게 여기며, 자신이 사용한 물건이 마을 동생들에게 나누어질 것을 염두에 두고 물건을 곱게 쓰는 습관을 들인다. 여기서 효용은 단순한 금전 절감(경제적 효용)뿐 아니라, 나눔과 순환의 공동체적 가치를 자연스레 체득하는 과정에서도 일어난다. 물건이 관계의 매개체로 변모하면서, 낭비를 줄이고 물건을 내 소유로 여기지 않는 공동체적 청지기 정신이 내재화된다.

˚ 신뢰를 바탕으로 세워 나가는 자립적 주거 형태

밝은누리 비혼 청년들은 주거를 공유하기도 한다. 집을 구하기 위해 보증금을 모을 때 N분의 1로 나누지 않고, 개인의 형편에 맞게(예: 사회생활 초기의 경우 매달 조금씩) 낸다. 혼인 등의 이유로 공동체방을 나갈 때 자신이 기여한 보증금을 돌려받지 않고 공동체방에 남겨 두는 사례도 적지 않다. 앞서 그렇게 했던 이들이 있기에 공동체방이 계속 이어 올 수 있었던 것에 대한 고마움을 표현하는 것이다. 이 기금은 세대를 이어 공동체방이 지속가능하게 살림을 꾸려 갈 수 있는 기반을 구축해 준다.

이러한 기반 위에서 청년들은 함께 사는 삶의 실제를 경험한다. 서로를 비추어 주는 일상의 나눔과 돌봄을 통해 함께 성숙을 이룬다. 이러한 실제적 경험 속에서 청년들은 공동체적 주체로 성장한다. 공동체방에서 누군가 염치없게 행동한 사건이 생기면 때를 잘 기다려서 비추어 준다. 이는 자신이 살고자 하는 공동체적 삶과 그렇지 못한 실제 모습 사이의 간극을 직면하며 성숙하게 되는 경험이 된다. 이러한 경험들이 쌓이며 삶을 지탱하는 힘은 자본 축적이 아닌 신뢰와 사랑임을 체화하게 된다.

먹고 입고 자고 노는 기본적인 삶의 필요들이 마을 관계망 안에서 풀어지는 사례는 이밖에도 많이 있다. 주고받는 것을 선물로 받아들이고, 선물이기에 고마운 마음으로 받는다. 어떤 때는 화폐로 전하기도 하지만, 단지 보조적인 계산 수단으로 쓰일 뿐이다. 선물로 주고받는 마음이 근본이고, 고대로부터 우리 삶에 늘 있어 왔으나 이제는 가족 단위에서나 볼 수 있는 호혜적 관계가 마을공동체 전체적으로 구현된다.

❸ 자본과 다른 흐름의 창업: 묵자 삼표론을 통한 창업 가치 재정의

창업은 본래 낡은 질서를 허물고 새로운 질서를 창조하는 일을 뜻한다. 하지만 자본주의 사회에서 돈을 버는 것이 최우선 가치가 되면서, 창업은 그 의미가 축소되어 새로운 사업을 시작해 돈을 버는 일로만 인식되었다.

생명평화길벗(이하 생평) 같은 시민단체의 활동은 창업의 본래 의미를 되찾는 중요한 사례이다. 다양한 창업체가 생겨나기 전, '생평의 모든 회원은 활동가'라는 뜻을 세우고 마을살이를 바탕으로 지역사회에 필요한 활동을 주도했다. 이는 활동가 중심의 기존 시민단체 틀을 허물고 공동체와 지역사회의 필요를 동시에 채우는 창조적 활동이었다. 생평의 이러한 노력은 밝은누리 살림경제의 든든한 밑거름이 되었으며, 지금도 두레와 창업체들을 잇는 중요한 소통의 장 역할을 한다. 생평의 활동은 창업이 이윤을 넘어 삶의 필요를 채우고 새로운 삶의 질서를 일구는 창조적 행위임을 일깨워 준다.

　이러한 원리는 밝은누리 창업에도 그대로 적용된다. 단순히 시장의 빈틈을 찾아 이윤을 얻는 행위와 근본적으로 다르다. 마을의 필요를 해결하고, 사람과 사람을 잇는 새로운 흐름을 만들어 내는 과정이기 때문이다. 창업은 마을에서 공동의 필요가 확인되고, 이를 풀어 가고 싶은 역량 있는 주체가 있을 때 시작된다. 공동체 중앙수익 사업이 아닌, 각 개인이 가진 재능을 펼치며 삶의 필요를 연결하는 다양한 창조적 활동들을 선택한다. 이는 특정 사업의 실패가 공동체 전체의 위기로 이어지지 않도록 하는 방식이기도 하다.

　밝은누리에서는 창업뿐 아니라 어떠한 결정을 할 때 묵자의 삼표론을 실제 판단 기준으로 삼기도 한다. 묵자의 삼표론은 민중의 이로움을 판단하기 위한 세 가지 표준에 대한 논의이다. 본(本)은 역사에 있어 본받을 만한 슬기를 말하고, 원(原)은 민중의 현실에 주목하는 것이다. 용(用)은 민중의 이익에 실제로 유용한지를 따지는 것이다.

> "무엇을 삼표라고 하는가. (…) 본(本), 원(原), 용(用)이 그것이다. 어디에다 본(本)을 둘 것인가? 위로 옛 성왕의 일에 본을 두어야 한다. 어디에다 원(原)을 둘 것인가? 아래로 백성들의 이목이라는 현실에 원을 두어야 한다. 어디에다 용(用)을 둘 것인가? 나라의 법과 행정을 시행(發)하여 그것이 국가, 백성, 인민의 이익에 합치하는가를 보는 것이다. 이 세 가지가 소위 판단(言)의 세 가지 표준이라고 하는 것이다." _《묵자》 비명 상

　본, 원, 용은 모두 판단에서 중요한 기준이 되지만, 핵심은 실제 유용

한지를 따져보는 '용'에 있다. 많은 창업체들이 본과 원의 관찰 속에서 창업을 결정하는데, 그 결과가 실제로 사람들에게 이익이 되며 유용한지를 따지는 데까지는 잘 나아가지 못한다. 밝은누리에서는 앞선 역사의 슬기를 바탕으로 살림터의 현재 필요를 채우는 길을 모색하되, 그 필요가 창업을 통해 실제로 채워지며 유용함과 덕을 만들어 내고 있는지 살펴보는 과정을 거쳐 이후 판단을 이어 나간다.

◦ 본(本): 집단적 지혜와 살아 있는 역사

본은 창업체들이 밝은누리 공동체가 30년 넘게 함께 일구어 온 슬기(집단적 지혜)를 어떻게 응용했는지를 의미한다. 이 슬기는 단순히 관념적인 지식이 아니라, 나눔과 자족을 추구하며 쌓인 공동의 경험과 역사적 맥락을 바탕으로 형성된 것이다.

이러한 집단적 지혜는 정지된 개념이 아니라 끊임없이 진화하는 살아 있는 실천의 산물이다. 한몸살이 창업은 울력과 품앗이 같은 구체적인 운동의 맥락에서 시작되어 성숙하고 뿌리내린 결과물이다. 즉, 공동체 구성원들의 지속적인 실천과 협력(울력, 품앗이)이 슬기라는 근원적 지혜를 생성하고, 이 슬기가 다시 새로운 창업 형태를 가능하게 하는 역동적인 순환 관계를 만든다. 창업하는 이들은 이처럼 일상에서 축적된 공동의 경험을 기반으로 사업을 구상하고 실행함으로써, 단순히 사업 아이디어를 적용하는 것을 넘어 공동체적 가치를 내재화하게 된다.

◦ 원(原): 삶의 실제 필요

원은 창업체들이 어떤 사람들의 필요와 현실에 맞추어 태어났는지를 나타낸다. 이는 일반적인 기업들이 거대 시장의 잠재적 수요를 분석하여 사업 모델을 수립하는 방식과는 다른 접근이다. 밝은누리에서 필요는 지극히 평범한 일상을 바탕으로 한다. 밥상, 육아, 교육 등 공동체 생활에서 발생하는 구체적이고 현실적인 요구가 창업의 씨앗이 된다.

창업은 마을의 필요와 창업 주체의 생성이 만나는 생명사건으로 정의된다. 여기서 핵심은 시장의 틈새를 찾아 이윤을 얻는 것이 선행 목표가 아니라는 점이다. 품앗이와 울력 같은 실제 삶의 필요에서 출발하며, 그 과정에서 적합한 역량을 갖춘 주체가 자연스럽게 드러나고, 그 주체가 일을 맡아 정식 창업으로 자리 잡아 가는 흐름이다. 이는 창업 주체가 먼저 서고 그다음에 무엇을 하면 좋을까를 고민하는 방식과는 다른 지점이다.

◦ 용(用): 실질적 유용함

용은 창업체들이 사람들의 이익에 실제로 유용한지, 즉 해보니 실제로는 그렇더라는 묵자의 과학적 사고를 통해 그 유용성이 증명되었는지를 의미한다. 여기서 유용함의 척도는 단순히 재무적 이윤에 국한되지 않는다. 유용함은 문화적 풍요, 관계의 깊이, 정서적 안정, 그리고 자본의 논리에 흔들리지 않는 삶의 주체성 회복과 같은 다층적 가치로 정의된다.

창업체들은 마을살이를 더 풍성하고 신명나게 하는 장이 됨으로써 그 유용성을 입증한다. 예를 들어, '마을멋지음 공방 그리는 사이'는 예술 활동을 통해 공동체에 문화적 활기를 불어넣고, '마을장터 해뜨락'은 소통과 교류를 만드는 사랑방 역할을 한다. '생태건축 흙손'은 건강한 노동

문화를 조성하고 공동체 구성원의 생활기술 역량을 강화함으로써 무형의 가치를 창출한다. 이들 창업의 유용성은 교환가치로만은 설명될 수 없는 가치이며, 일반 경제 모델의 척도로는 측정하기 어려운 영역이다.

❹ 밝은누리 창업체 사례 분석: 삼표론을 통한 가치 탐구

창업체 사례는 공동체의 '슬기(본)'와 '필요(원)'를 기반으로 일상의 '유용함(용)'에 응답함으로써, 자본의 증식만을 우위에 두는 것이 아닌 생명과 관계의 증식을 목적으로 하는 살림경제의 실천적 유용성을 몸소 입증한다.

마을멋지음 공방 그리는 사이

마을의 멋지음(디자인)을 담아내고 펼치는 공방이다. 마을 문화와 생명순환의 가치를 담아 작업을 진행한다. 의뢰인과 상호 주체적인 신뢰 관계를 바탕으로 일하며, 재생 용지 사용과 포장 최소화 등을 통해 자연을 살리는 방식으로 일한다.

◦ 본(本): 교육·예술로 빚어 온 철학과 주체역량의 성장

그리는 사이 창업은 한몸살이가 일구어 온 교육 철학과 예술 문화에서 시작되었다. 밝은누리는 삶과 동떨어진 예술이 아닌, 우리 얼을 담지하면서도 실제 일상 살림터를 아름답게 가꿀 수 있는 예술을 중요하게 다루어 왔다. 이러한 바탕에서 창업 주체는 마을학교에서 학생들을 가르치고 공동체 잔치 등 일상 곳곳 멋지음을 맡아 오며 자연스럽게 재능을 발견하고 키웠다. 이는 예술의 본질인 고운 어울림을 삶

속에서 잇고 짓는 동시에, 한몸된 관계에서 개인의 역량을 함께 지켜보고 성장시켜 온 본의 관점을 반영한다.

◦ 원(原): 농촌 지역의 문화적 공백과 삶의 예술화에 대한 필요

강원 홍천에 터한 그리는 사이는 도시와 달리 예술을 배울 곳이 매우 부족한 농촌 지역의 현실에서 출발했다. 예술적인 기교를 넘어, 더불어 사는 삶에 멋을 더하고 싶다는 공동체의 본질적인 필요도 있었다. 누구 한 사람의 작업 또는 작품이 아니라, 온생명과 어우러짐을 예술로 담아내는 장을 통해 삶에 생기와 흥을 더하고자 했다.

◦ 용(用): 문화와 관계를 잇는 공간

그리는 사이는 마을 배움터 학생들, 청년, 어르신들 농촌마을의 다양한 연령대 사람들이 모여 멋지음을 통해 서로 어우러지고 삶을 나누는 문화의 장이 되고 있다. 일상에서 쓰임이 있는 물건들에 멋을 더하거나 삶의 동선을 아름답게 가꾸는 예술활동을 하며, 자연을 훼손하지 않는 재료들을 활용해 생명순환의 가치를 실현한다.

법률사무소 해원(강원 홍천마을) / 명동(서울 인수마을)

변호사 사무실이 밀집해 있는 지역이 아닌, 법률 서비스에서 소외되기 쉬운 주민들 가까이에 사무실을 내고 운영한다. 창업 주체는 벌이로서의 노동뿐 아니라 공부와 살림 등 주된 삶에 중심을 두고 지내며, 관계적 신뢰를 바탕으로 일을 가려 맡는 등 공동체적 가치를 우선시한다.

- **본(本): 가까운 곳에서부터 시작하는 실천 철학**

밝은누리는 '내 몸에서부터, 나와 가까운 곳에서부터'라는 실천 속에서 식의주락 생활양식을 구현해 왔다. 해원은 변호사가 없는 무변촌의 현실을, 명동은 대도시의 법조계 과밀 현상을 주목했다. 그 대안으로 가까운 살림터에 뿌리내리겠다는 결심은 공동체의 실천 철학을 실제 삶에 적용한 결과이다.

- **원(原): 마을변호사의 필요와 생활 밀착형 자문 수요**

명동은 창업 당시 마을에 법조인이 없었다는 현실적 필요와 지역 주민들의 법률 관련 문제에 대한 자문 수요가 있었다. 해원은 전국적으로 변호사가 없는 무변촌이 64곳에 달하는 현실, 법률 전문가가 지방 법원이나 검찰청 인근에만 집중되어 있는 현실을 보며 창업했다. 이웃들이 직장에서 일어나는 노동 문제나 지역 주민들의 법률 관련 자문 필요를 충족시키고, 홍천 지역의 특성인 한국전쟁으로 인한 법률 문제 등 다양한 요구에 부응했다.

- **용(用): 일상에 스며든 마을 변호사의 역할**

마을 변호사로서 오고 가며 이웃들의 삶을 깊이 이해할 수 있고, 사건 진행 상황에 대한 자연스러운 소통이 가능하다. 이는 법률 서비스의 접근성을 높이는 것을 넘어, 삶과 일이 분리되지 않고 조화롭게 공존할 수 있는 주된 살림의 모습을 실현한다. 법률 지식의 유통이라는 표면적 용뿐 아니라, 관계 중심의 삶을 가능하게 하는 삶의 방식으로서의 용을 입증한다.

생태건축 흙손

흙손은 생명살림을 일구고자 하는 밝은누리 마을살이의 물적 지원과 울력을 통해 기술을 축적한 생태건축 사회적 협동조합이다. 나무, 흙 등 자연 재료를 활용하여 생명을 살리는 삶에 적합한 집을 짓고 고친다. 일부 건설 현장의 수직적이고 가부장적인 문화를 지양하고 대화와 조율을 통한 건강한 노동 문화를 조성하고자 한다.

◦ 본(本): 쉼과 살림살이의 본질을 회복하는 집

역세권 중심의 초고층 아파트는 사람이 살기 좋은 살림터가 되기 어렵다. 밝은누리는 부동산, 역세권, 학군, 상권에 좌우되는 상품화된 집이 아닌, 쉼과 안식을 누리며 생명을 돌보고 살림살이를 하는 보금자리로서 집의 회복이 중요하다고 보았다. 이에 흙손은 생명을 살리는 건축을 지향하며 자연에서 얻는 흙·나무·돌을 이용한 생태건축을 연구하며 적용해 왔다.

◦ 원(原): 귀촌하는 이들의 살림집과 교육공간의 필요

공동체에서 귀촌하는 사람이 늘어나면서 자연과 호흡하며 이웃과 더불어 사는 삶에 적합한 주거에 대한 수요가 분명해졌다. 흙손은 공동체 귀촌 과정에서 대안교육에 필요한 공간을 지었고, 귀촌한 이들이 살아갈 집에 대한 필요를 채워 왔다. 생명살림에 기반한 대안교육과 일상생활을 일구어 가는 데 적합한 집과 환경을 만드는 역할을 해온 것이다. 또한 건축에 뜻을 둔 공동체 구성원들에게 가치와 철학을 담아 노동할 수 있는 일자리가 필요하다는 현실적 요구에도 부응했다.

◦ 용(用): 생명을 살리고 더불어 사는 안정적인 터전

흙손은 마을살이 구성원의 집을 짓고 고치면서, 더불어 살 수 있는 터전을 마련하고 귀촌 이후의 삶을 안정적이고 지속적으로 꾸려 나가도록 돕고 있다. 마을 구성원들은 몇몇 가정이 공동으로 땅을 구하여 집을 짓기도 하고, 가깝게 모여 살 수 있는 기존 주택을 구하여 살고 있다. 이 과정에서 흙손은 건축 요청을 받아 곳곳에 여러 채의 집을 짓거나 고쳐 왔다. 흙손 운영 주체도 마을살이의 한 구성원으로서 더불어 살며 생명살림 가치에 대한 공감을 나누며 사람들의 필요에 부합한 집을 짓는다. 쉼과 안식을 누리고, 생명을 기르고 돌보고, 서로 돕고 나누는 살림살이 터전으로서 제 기능을 할 수 있는 집을 짓고 있다.

마을장터 해뜨락(강원 홍천마을)
고마운 먹거리 밝은두레(서울 인수마을)
건강하고 바른 먹거리에 대한 철학을 바탕으로 먹을거리를 공급하고, 마을 사람들의 만남과 소통이 이루어지는 사랑방 역할을 한다. 생산자와의 관계를 중요시하며, 포장재 최소화 및 개인 용기 사용 장려를 통해 쓰레기를 줄이는 지속가능한 소비문화를 실천한다. 마을 구성원들의 자발적인 구매와 나눔을 통해 관계성이 작동하는 경제를 구현한다.

◦ 본(本): 식의주락 생활영성과 공동체적 실천의 역사

밝은누리가 초기부터 중요하게 여겨 온 식의주락 생활영성, 그중에서

도 먹을거리에 대한 가치를 실생활에서 실현하는 과정에서 자연스럽게 비롯되었다. 건강하고 바른 먹을거리를 몸에 들이려는 문화는 이미 공동체 내에 깊이 뿌리내리고 있었다. 이는 저마다 바른 먹을거리를 찾아 장을 보고 집에서 조리해 먹는 문화, 외식을 할 때도 무분별하게 먹지 않고 자기 수위를 유지하는 실천으로 이어졌다. 공동체 구성원들은 조금 비싸더라도 생협(생활협동조합)을 이용하거나, 식품첨가물이 든 것이나 출처가 불분명한 먹을거리를 멀리하는 문화를 통해 바른 먹을거리에 대한 영성을 지켜 왔다. 이러한 개개인의 자발적이고 지속적인 실천 경험이 토대가 되었다.

◦ **원(原): 생산자 소비자들의 필요를 채우는 지속가능한 연대**

건강한 식재료를 가까운 곳에서 일상적으로 구하고자 하는 필요가 있었고, 이에 부응하여 마을에 장터를 열어 때에 맞게 장을 볼 수 있도록 했다. 장터는 소농들이 하늘땅살이하며 거둔 작물들을 들이는데, 대량으로 저렴하게 사는 방식을 택하지 않고 작지만 뜻있게 하늘땅살이 이어 가는 소농들의 소작물을 우선으로 취급한다. 소농들과의 지속가능한 연대를 모색하는 동시에 마을 사람들의 필요를 채우는 장인 것이다. 단순히 물건을 사고파는 공간을 넘어, 공동체 구성원들의 반가운 만남과 대화가 오가는 사랑방이 되기를 바라는 사회적 필요에 의해서도 구상되었다.

◦ **용(用): 선물 경제와 소비문화의 대안적 실천**

소비문화의 대안적 실천을 통해 자본의 순환을 넘어선 가치와 생명의 순환을 만들어 내는 데 유용함이 있다. 개체로 분리된 소비자가 아닌, 연결되어 있는 소비자로서 장터에 오는 관계성이 중요하다. 물건을 사갈 때 흠이 있거나 크기가 작은 것도 가리지 않고 사가는 마음 씀씀이, 더 필요한 사람을 위해 양보하는 태도, 생산자의 살림을 전망하며 예약 주문하거나 그때그때 조금씩 사가는 흐름 등이 모두 이에 해당한다.

이들 장터는 더불어 공동의 대안적 실천을 추동하는 장이 되기도 한다. 쓰레기를 만들지 않도록 두부 통이나 세제 통을 챙겨와 내용물을 담아 가고, 조청병으로 쓰는 유리병을 깨끗이 씻어 반납하면 장터에서 소독 후 재사용한다. 달걀판, 과일망, 아이스팩 등을 모아 돌려주는 일도 일상적으로 이루어진다. 이는 장터가 단순한 상업 공간을 넘어 깨어 있는 소비문화를 만드는 운동성을 나눈다는 뜻이다.

수익 구조는 시장경제와 같지만, 그 배경에는 호혜(互惠)라는 관계성이 존재한다. 마을 사람들이 서로를 응원하며 물품을 판매하고, 구매자들 역시 창업체를 지지하며 소비하는 방식은, 호혜적 관계를 핵심으로 하는 선물 경제가 작동하는 아름다운 예이다.

7. 마을, 새로운 질서의 터전

유한한 지구에서 무한 성장을 추구하는 경제 논리가 한계를 드러낸 지금, 우리는 삶의 근본을 다시 물어야 한다. 이 글에서 주목한 살림경제의 대안적 질서는 마을이라는 구체적인 삶의 터전을 통해 일관되게 구현되어 왔다.

노자는 거대 제국의 탐욕과 비효율을 경계하고, 나라를 작게 하고 백성을 적게 하라는 가르침을 나누며 본연의 공동체적 가치가 실현되기를 바랐다. 묵자는 전쟁과 사치에서 비롯된 폭력으로부터 인민을 지키고, 인민의 이익이 곧 의로움이라 여기며, 겸애와 절용의 정신을 바탕으로 기존 향당을 개혁하고 새로운 조직화된 마을을 일구고자 했다. 동학은 삼정의 문란과 수탈에 맞서 시천주와 경물사상을 두레와 포접제라는 응집력 있는 마을 조직으로 승화시키며 상호부조와 연대의 경제를 실천했다.

그리고 오늘날 밝은누리는 자치 자족 자립하는 마을을 일군다. 두레, 품앗이 등을 통해 신뢰에 기반한 호혜경제를 일상화하며, 먹고 입고 자고 노는 삶의 필요를 마을 관계망을 토대로 해결한다. 묵자의 삼표론에 담긴 지혜를 실제적인 의미의 판단 기준으로 적용해 온 창업 사례들은 민의 필요와 이익이 살림경제에 매우 중요한 요소임을 보여 준다.

살림경제는 특정한 시공간에 국한된 개념이 아니라, 마을이라는 일상 관계망을 통해 생명 중심의 가치를 실현해 온 인류의 지혜이다. 무한증식 경제논리가 지속가능하지 않음을 확인한 이 시대에, 우리에게 필요한 것은 거대한 담론이 아닌, 서로를 살리고 돌보는 살림터(마을)의 회복이다. 일상에서 함께 밥 먹는 평화(平和)를 구현하는 마을, 그리고 이러한 마을들의 연대인 살림생태계야말로 지속가능한 미래를 빚어 낼 강력하고 희망적인 대안이다.

5장

두레와 마을에서 피어나는 정치

깨어 있는 민의 자발성에 토대한 마을자치

1. 정치, 삶의 문제를 함께 조율하는 실천

거침없이 골목을 내달리는 아이들, 그 뒤로 양손에 묵직한 가방을 들고 부지런히 따라가는 어른들. 서울 인수마을에 하나뿐인 놀이터 푸른어린이공원은 오늘 '옷나눔 잔치'가 열리는 곳이다. 입지 않거나 작아진 옷을 이웃과 함께 나누는 자리다. 놀이터 모래 바닥 위엔 돗자리가 깔리고, 종류별로 옷을 분류하는 손길들이 분주하다.

"자, 지금부터 옷나눔 잔치를 시작하겠습니다." 시작을 알리는 목소리에 50여 명의 사람들이 옷더미로 모여든다. 서로 옷을 추천해 주기도 하고 아이에게 옷을 대어 주며 필요한 옷을 고른다. 처음엔 마을 배움터에서 아이들이 옷을 물려 입는 문화에서 출발했지만, 지금은 어른들까지도 함께하는 마을잔치로 자리 잡았다.

사실 이 놀이터 바닥이 모래인 것도 마을 이웃들 덕분이다. 2019년 강북구가 주민과 상의 없이 놀이터에 우레탄 바닥을 깔려 했지만, 놀이터 위쪽에 있는 '도토리집 공동육아 어린이집'의 부모들이 중심이 된 '인수동부모연대'는 우레탄의 중금속 위험을 우려하며 모래 바닥을 유지해야 한다고 요구했다. 결국 주민들의 목소리가 받아들여져 부드러운 모래로 바뀌었다.

　기후위기 같은 지구적 문제를 풀기 위해선 소비와 투표가 중요하다는 말을 많이 한다. 착한 소비와 절약으로 기업을 압박하고 투표로 무책임한 정치인을 견제하자는 의미다. 물론 중요하다. 하지만 이날 놀이터에 모인 이웃들처럼 자신의 삶에서 '자연'스럽게 지구적 실천을 일구는 이들이 있다. 자신과 둘레 생명들이 터한 삶터에서 일어나는 문제를 구체적 실천으로 함께 풀어 가는 생활정치의 모습이다.

　우리는 종종 정치를 제도나 선거, 국가 차원의 문제로만 이해하지만 정치는 원래 삶에서 출발했다. 크고 복잡한 담론 전에, 우리 곁에서 벌어지는 문제들을 조율하고 방향을 모색하는 과정 자체가 정치다. 놀이터 바닥을 지키고, 옷을 나누는 이들의 선택은 분명한 변화를 만들었다. 멀리 있는 누군가가 아니라 바로 자신과 이웃의 삶을 바꾸는 경험이었다. 일상에서 마주하는 구체적인 문제를 함께 해결해 가는 과정에서 변화가 싹튼다. 여기서 정치의 가장 본질적인 힘을 본다.

　기후위기나 불평등 같은 거대한 문제도 이렇게 조용하고 근본적인 실천들이 차곡차곡 쌓이면서 해결의 실마리를 찾아가는 것일지도 모른다. 아이들의 안전한 놀이터를 위해 목소리를 내고 이웃과 물건을 나누며 서로 필요를 살피는 일상의 모습이야말로 가장 지속가능하고 힘 있는 정치의 모습이 아닐까. 멀고 막연하게만 느껴지는 변화 역시, 누군가의 구체적인 삶에서 시작해 이웃과의 협력 속에서 자라난다. 이것이 바로 생활정치가 가진 힘이다.

2. 민의 주체성이 움트는 생활정치

보통 '정치'를 생각하면 선거나 정당정치 같은 제도정치를 떠올리기 쉽다. 그러나 정치에는 국민 전체를 대상으로 하는 거시적 차원뿐 아니라 삶의 현장에서 펼쳐지는 미시정치의 지평이 있다. 실제 우리는 일상에서 늘 관계를 맺고 갈등을 조율하며 공동의 문제를 해결해 왔다. 이런 일상의 실천 자체가 생활정치의 모습이다.

정치가 부패하거나 제 역할을 하지 못할 때 우리는 쉽게 실망하고 불신을 키운다. 그런데도 대안은 늘 "지도자를 잘 뽑아야 한다"는 말로 귀결된다. 마치 선거형 대의제 민주주의가 유일한 통로인 듯 여겨지는 것이다. 하지만 정치의 본래 의미는 사회를 구성하는 다양한 사람과 조직의 힘 작용과 관계를 조율하고 운용해 고양시키는 실천이다. 다시 말해, 관계 맺는 사람과 조직의 잠재력을 때와 곳에 맞게 발현하고 극대화하는 실천이다. 삶에 맞닿은 생활정치와 미시정치를 주체적으로 실천하는 일이야말로 정치의 뿌리라 할 수 있다.[1]

만약 우리가 거시정치만 바라본다면, 대화와 소통으로 풀 수 있는 작은 일도 큰 갈등으로 번지고 사회적 비용과 피로가 늘어난다. 그러는 사이 주변에서 소외되거나 경계 밖으로 밀려나는 사람들을 살필 이유를 잃는다. 나 하나 지키기도 벅찬 세상에서 함께 어우러지는 법도 배우지 못한다. 나아가 길들여짐에 익숙해져 자기 삶을 주체적으로 다스리는 힘을 놓치게 된다.

풀뿌리 정치, 곧 민이 자발적으로 참여해 자신의 삶과 지역을 변화시

---

1 철호, 《살림학 얼과 길》(밝은봄, 2024), 49~50쪽

키는 일이 중요하다는 데 반대할 사람은 없다. 그러나 그것이 현실에서 정말 가능할지에는 종종 의문이 따른다. 생활 속 수많은 갈등과 요구를 어떻게 조율할 수 있겠느냐는 것이다. 민이 직접 결정하고 책임지는 사례가 드물기 때문이다. 진정 건강한 정치를 논하려면 선거 중심의 대의제만을 정치의 기준으로 삼는 관점을 넘어설 필요가 있다.

생활정치는 결코 새로운 것이 아니다. 마을이 살아 있던 시절, 생활정치는 자연스럽게 작동했다. 골목에서 뛰노는 아이들을 온 동네가 함께 돌보고, 집집마다 반찬을 나누며, 마을의 크고 작은 일들은 회의를 통해 함께 결정했다. 우리가 경험하고 기억하는 생활정치의 단면이다. 그러나 산업화·도시화·세계화를 거치며 마을이라는 삶의 터전이 해체되자 생활정치는 약화되었고, 정치는 국가 중심으로 제도화되었다. 돌봄과 생계의 책임이 가족 단위에만 집중되면서 공동의 삶과 문화도 희미해졌다.

따라서 생활정치를 되살리려면 다시 일상의 시공간이자 관계망인 마을에서 출발해야 한다. 삶의 터전 속에서 주체적인 정치가 이루어질 때, 비로소 풀뿌리 생활정치는 구현될 수 있다.

하지만 현실에서 생활정치를 복원하려는 시도들은 종종 행정의 틀에 갇히는 한계를 보인다. 대표적으로 서울시 마을공동체 사업을 들 수 있다. 이 사업은 관 주도로 마을공동체를 지원하고 주민 모임을 만드는 등 여러 시도를 했지만 10년이 지난 지금, 사업으로 만들어진 마을은 대부분 자취를 감추었다. 지원금이 떨어지면서 지속할 힘을 얻지 못한 까닭이다. 게다가 정권이 바뀌면서는 그 흔적을 지우기에 급급한 실정이다. 이 사업은 '마을'이라는 가치를 사회적 의제로 대중화하는 효과가 있었을지는 몰라도, 오히려 민의 자생력과 주체성을 훼손하는 결과를 낳았다.

이 사례가 보여 주듯 진정한 생활정치는 외부 지원에 의존해서는 지속하기 어렵다. 지속가능한 생활정치를 위해서는 외부의 힘에 의존하지 않는 자발적인 관계망을 만드는 것이 무엇보다 중요하다. 생활정치는 민의 자발성과 주체성을 회복하는 정치다. 구체적으로는 바깥 힘에 의존하지 않고 서로 긴밀하게 사귀며 삶의 과제를 함께 풀어 가는 것이다. 이러한 생활정치는 거시정치와 대립하지 않는다. 오히려 함께할 때 더 온전한 정치가 된다. 생활정치는 깨어 있는 민의 자발성에 토대한 마을자치로 나타난다. 실제 민의 자발성과 주체성으로 생활정치를 구현해 가려는 마을이 지금도 살아 숨 쉬고 있다.

3. 생활정치의 뿌리를 묻다: 노자와 묵자, 동학

생활정치의 원형은 과거 노자와 묵자, 동학에서도 찾아볼 수 있다. 노자는 침략과 강제노동 따위 과도한 인위가 난무하던 시대에 작위적으로 군림하고 간섭하는 통치보다 생명 본연의 질서를 따르는 정치, 즉 무위정치를 말했다. 노자가 말한 무위정치란 지도자가 욕망을 내려놓고 인위적인 간섭을 자제할 때 오히려 백성들의 삶이 풍요로워진다는 믿음에서 출발한다.

그는 "가장 좋은 것은 그(왕)가 있는지를 알지 못하는 것"(《도덕경》 17장)이라며 군주의 존재조차 인식하지 못할 정도로 자연스럽고 조화롭게 흘러가는 상태를 가장 훌륭한 정치, 무위정치로 보았다. 노자는 군주가 무위할수록 백성이 저절로 교화되고 부유해진다고 강조했다. 인위적 개입을 줄이고 고요함과 무심으로 다스리는 정치가 백성을 살리는 길이라고 본 것이다. 이 무위정치를 실현할 수 있는 구체적인 전략으로 노자는 '나라를 작게 하고 백성을 적게 하라'는 소국과민을 제시했다. 노자의 소국과민은 백성들이 자치·자족·자립하는 살림터였다. 먹을 것을 얻기 위해 멀리 이동하지 않고, 필요한 만큼 경작하며 풍족한 삶을 살아가는 마을이었다.

> "나라를 작게 유지하고 백성 수를 적게 하라. 그러면 사람보다 열 배 백 배 힘을 내는 기계가 있어도 사용하지 않게 된다. 백성이 자기 생명을 중요하게 생각하면 멀리 이사하지 않는다. 비록 배와 수레가 있어도 그것을 탈 이유가 없다. 비록 갑옷과 병기가 있어도 그것을 사용할 이유가 없다. (…) 그러면 이웃나라와 서로 바라보고 개와 닭 울음소리가 서로 들려도 백성들이 죽을 때까지 서로 왕래하지 않게 된다."
>
> _《도덕경》 80장

노자는 당시 제후들이 영토를 넓히고 국력을 키우기 위해 전쟁을 불사하는 것이 백성들을 착취한다고 보았다. 무리한 전쟁이 백성에게 얼마나 자연스럽지 않은지 꿰뚫어 보았다. 나라를 작게 유지하면 백성들이 전쟁 무기를 몰고 나갈 필요가 없어진다고 말한 이유다.

노자의 소국과민은 결국 백성이라고 하는 생명을 기준으로 삼는 정치적 실천전략이며, 억지로 세상을 바꾸기보다는 사람들 스스로 삶의 주체가 되도록 돕는 정치다. 그 핵심은 인위적인 권력 행사를 줄이고 스스로 다스릴 수 있는 문화를 만드는 생활정치와 맞닿아 있다. 이때 소국과민은 행정구역상 지역을 말하지 않는다. 유위정치가 개입하지 않아도 자생활 수 있는 읍면동 단위보다 더 작은 규모인 마을을 통해 그 뜻을 이룰 수 있다고 보았다.

묵자 역시 외세의 침략과 전쟁이 만연한 혼란 속에서 '겸애'를 바탕으로 내 아이 네 아이 구분하지 않는 한몸살이를 이루어 마을을 일구었다. 묵자에게 정치는 곧 백성을 이롭게 하는 일이었고, 그 출발은 어진 이를 세우고 높이는 데 있었다. 어진 이는 위세와 강압으로 정복하는 자가 아니라, 덕과 의로움으로 다스리는 자였다. 이는 자발적이고 주체적으로 우러나오는 삶의 태도였다.

묵자는 전쟁과 사치에 빠져 백성의 고통을 외면했던 어질지 못한 왕들을 강하게 비판하며, 하늘을 본받아 백성의 이로움을 살피는 어진 이를 마을과 고을, 나라 단위마다 촘촘하게 세워야 한다고 주장했다. 그는 천자 한 사람의 힘만으로는 천하를 다스리기 부족하므로 천자가 마을과 고을, 나라에서 어진 이를 세웠던 사례를 설명한다. 이 과정에서 정치 권력은 위에서 아래로가 아니라 아래에서 위로 올라간다. 결국 천자를 뽑는 주체는 백성이기 때문이다.

> "그러나 천자 혼자 힘으로는 부족했으므로 또 천하의 어질고 착한 이를 뽑아 그를 세워 삼공으로 세웠다. (…) 그들의 힘만으로는 부족했으므로 또 그 나라의 어진 이를 선출해 대부와 관장 등 관료를 세웠던 것이다." _《묵자》상동 상

혈연을 초월해 어진 이를 세우면, 배고픈 자는 먹을 것을 얻고, 헐벗은 자는 옷을 얻고, 피로한 자는 쉬고, 어지러운 것은 다스려진다. 그렇게 안락한 생명살림(안생생)이 이루어진다. 묵자가 말하길 실제 어진 이

를 선출했을 때 백성들은 서로 이끌어 어진 사람이 되려고 했고 자연스럽게 어진 자는 많아지고 어질지 못한 자는 적어졌다.

또 묵자는 윗사람과 아랫사람이 뜻을 모아 조화를 이루는 상동을 정치의 근본으로 삼았다. 그러면서 옛 성왕들이 마을과 고을까지 어진 이를 배치해 어짊이 닿지 않는 곳이 없도록 했던 것에 주목하며, 이는 백성의 이로움을 가까이에서 살피기 위함이라고 보았다. 실제 성왕들은 어진 이를 직접 찾아 숭상하고 능한 이를 부렸다고 전해진다.

이렇게 뽑힌 어진 이는 백성들 가까이서 함께 생활하며 뜻을 조정하는 정치 주체다. 그렇기에 공정하고 공평하게 조정하는 능력, 즉 겸애를 기본 덕목으로 갖춘다. 이때 백성들은 자신들 가운데서 덕이 검증된 사람을 어진 이로 선출하는데, 외부에서 온 자가 아니라 같은 마을에서 가까이 살며 지켜본 이들이다. 어진 이는 겸애의 마음으로 다스리고 백성들은 그 뜻을 따라 상동하니 모두에게 이롭다. 이는 정복 전쟁을 일삼는 위에서부터의 통치 전략과 정반대다.

묵자는 마을에서의 어진 이를 이장, 고을에서는 향장, 나라에서는 국군, 천하에서는 천자로 봤는데 이장, 향장, 국군, 천자로 이어지는 흐름은 유가가 말하는 가족 사랑의 확장이 아닌 겸애의 확장에 가깝다. 진정 백성의 이로움을 아는 마을의 현자는 자기 마을뿐 아니라 다른 마을까지 사랑하기 때문에 마을끼리 다툴 일이 없고 나아가 고을과 나라 단위에서도 싸울 필요가 없어지기 때문이다. 반대로 천자가 겸애하면 국군이 겸애하고, 국군이 겸애하면 향장이, 이후 이장이 겸애하니 이 역시 겸애의 확장이다. 대국이 소국을 공격하고 강자가 약자를 수탈하는 것이 당연하게 여겨지던 때에, 묵자는 백성의 삶과 이로움에 뿌리를 둔 생활정

치를 겸애의 실천과 연결했다.[2]

동학은 시천주(侍天主)라는 얼을 일상에서 풀어냈다. 사람 안에 깃든 하늘을 모시는 삶은, 나와 같이 하늘을 모시는 다른 사람을 하늘처럼 귀하게 대하는 삶이었다. 이로써 가진 사람과 가지지 못한 사람이 서로 도우며 살아가는 유무상자의 공동체가 자연스레 형성됐다. 동학은 특히 농촌사회에 존재하던 협동 단위인 '두레'에, 동학의 사상을 나누고 실천하는 조직 '접포'를 결합하면서 더 단단해졌다. 서로 일을 도우며 지극히 일상적인 동선에서 만날 뿐 아니라 얼을 나누는 깊은 관계로 나아간 것이다.

> "귀천이 같고 등위에 차별이 없으니 도고자(백정과 술장사)들이 모이고, 남녀를 가리지 아니하고 유박(포교소)을 설치하니 홀아비 홀어미가 모이고, 재화를 좋아하여 있는 사람과 없는 사람이 서로 도우니(有無相資) 가난한 자들이 기뻐하였다."
>
> _〈동학배척통문〉

동학은 상하, 귀천, 남녀, 존비의 차별을 철폐한 철저한 평등공동체였다. 1890년 초반 김구가 동학에 입도하기 위해 상놈 출신으로 접소를 찾아갔을 때 양반 접주가 맞절한 사례에서 확인할 수 있다. 사람과 만물이 곧 한울이기에 받들어 모신다는 동학의 시천주 사상을 관계 속에서 구체적으로 구현했다.

동학의 또 다른 특징은 보국안민(輔國安民)과 광제창생(廣濟蒼生), 즉 부패해 가는 나라를 바로잡고 고통에 빠진 백성들을 건지기 위한 공부

---

2 김지영, 〈묵자의 계약론적 국가론〉(울산대학교 대학원), 1쪽

와 실천이 접포 조직을 중심으로 이루어졌다는 것이다. 접 조직은 동학을 가르치고 배우는 단위로 철저히 관계를 기반으로 했기에 동학이 빠르게 전국으로 확산되는 데 중요한 역할을 했다. 그렇게 접 조직의 규모가 커지면서 안팎으로 갈등과 탄압이 이어지자 이를 조율하기 위해 복수의 접을 하나로 엮는 포 조직이 생겼다. 특히 포 조직은 동학의 사회변혁적 운동을 이끄는 핵심 기반이었다. 교조신원운동, 동학농민혁명, 갑진개혁운동, 3·1 독립운동 등 동학의 주요 운동은 모두 포 단위로 전개됐다. 접포를 중심으로 형성된 끈끈한 유대와 조직력은 동학이 종교를 넘어 민 주도의 혁명으로 발전할 수 있었던 기반이었다.[3]

노자와 묵자, 동학에서 말한 생활정치는 공통적으로 마을을 중심에 두었다. 방식은 달랐지만 모두 살림터에서 피어나는 삶의 정치를 중시했다. 소수 기득권의 권력을 키우고 주머니를 불리기 위해 전쟁까지 불사하는 흐름을 거슬러, 이들은 더 줄이고 더 작게 살아가는 길을 정치적 실천 전략으로 삼았다. 그래야 백성들이 괴로움 없이 자족하며 풍족한 삶을 살 수 있다고 보았기 때문이다.

이들이 지향하고 실천한 정치는 다스림의 규모를 줄이고 얼굴을 마주할 수 있는 범위에서 서로 도우며 지내는 마을이었다. 노자의 소국과민은 단순히 작은 규모를 뜻하지 않았다. 나라를 더 작게, 인구를 더 적게 하라는 요청 속에는 소박하지만 넉넉하게 살아가는 마을의 모습이 담겨 있었다. 이러한 노자의 사상은 민을 중심으로 받아들여져 일상생활에도 영향을 미쳤다. 묵자 역시 마을 단위까지 어진 이를 세워 곳곳을 어질게 물들이는 길을 강조했다. 동학은 시천주 가르침을 배우고 실천하는

---

3   박맹수, 〈동학 접포(接包)조직과 동학농민혁명〉(원광대 종교문제연구소), 310쪽

접포 조직을 꾸리고, 서로 돕는 유무상자의 공동체를 일구며 마을 기반의 생활정치를 펼쳤다.

4. 생활정치의 힘은 어디서 오는가

마을은 생활정치가 펼쳐지는 시공간이다. 밝은누리에서 실천하는 생활정치는 두레를 기본 단위로 구현한다. 여기서 말하는 두레는 농사 같은 일을 함께하는 농촌의 협동 조직을 넘어선다. 더불어 살고자 하는 뜻까지 공유하기 때문이다. 특히 밝은누리의 두레는 동학에서 두레를 토대로 운영한 접포 조직과 닮아 있다. 함께 마을 이루어 살아가며 국가권력과 자본권력에 포섭되지 않은 새로운 가족이 된다. 든든히 지켜 주는 힘은 한몸으로 살며 서로 돕고 깨우쳐 주는 삶에서 시작한다.

두레는 이를 익히고 실천하는 기본 단위다. 마을마다 여러 두레가 있는데, 각 두레는 매주 다양한 형태로 모여 함께 공부하고 삶을 나눈다. 가장 기본적이고 기초적인 관계망이다. 울력과 품앗이가 두레에서부터 이루어진다. 개인의 일이나 마을의 중요한 결정을 소통할 때도 두레가 바탕이 된다. 언제든 서로 지지하고 협력하는 밀접한 관계로 연결되어 있어 홀로 분투하다 그만두는 경우가 드물다. 마을에서 일상의 동선이 겹치고 촘촘한 관계망을 갖추고 있으니 이미 활동의 기본 토대가 확보된 구조에서 시작한다.

❶ 깨어 있음: 정치 행위로서 공부

이러한 두레 문화가 가능한 이유는 그저 오래 함께 살아왔기 때문만은 아니다. 인위가 아닌 생명을 중심에 두고, 서로를 하늘처럼 대하며 차별 없이 사랑하려는 삶의 태도 덕분이다. 그 태도를 지속할 수 있는 힘은 어디서 나올까? 공부와 수련이다. 정치가 여러 뜻을 조율해 하나의 흐름을 만들어 내는 일이라고 할 때, 모두가 생활정치의 주체가 되기 위해선 공부가 필요하다. 공부는 뜻을 품은 이가 자발적 주체로 살아가게 하는 힘이기 때문이다. 배움을 통해 사람들은 계속해서 주체로 성장한다.[4]

조직화된 정치 주체들이 끊임없이 깨어 있는 것이 정치의 성패를 결정짓는다. 정치 행위로서 일상적인 공부가 중요하다. 한몸살이에는 어진 이가 따로 있지 않다. 모든 주체가 깨어 어질게 되어 가는 과정을 중요하게 여긴다. 정치 주체들은 끊임없이 깨어 있기 위해 각 마을에서, 혹은 서울과 강원 홍천을 오가며 삼일학림, 공동체지도력훈련원, 청년아카데미와 같은 지속적인 공부자리에 함께한다.

우리 역사 속 동학도 새로운 사상을 정성으로 배우고 익히는 공동체였다. 이는 접소[5]와 육임소[6]의 가장 중요한 활동이 동학의 가르침을 강론하는 개접[7] 활동이었다는 사실에서 확인할 수 있다. 초기 동학에서 개접이란 시천주 사상을 비롯한 동학의 가르침을 체계적으로 공부하는 정기 수련회, 교리 강습회 개최를 의미했다. 개접 활동은 동학농민혁명 기간에도 계속되었다.

---

4 공동체지도력훈련원 고운이들 정치모둠, 〈밝은누리의 정치: 민의 주체적 자발성에 토대한 마을자치〉

5 동학의 기초 조직인 접의 업무를 관장하는 곳으로 대체로 접주(지도자)의 집을 사용했다.

6 동학 포 조직(접의 연대)의 본부. 대접주(포 지도자)가 그를 보좌하는 육임을 두어 포의 업무를 관장해 육임소라 부른다.

❷ 민: 뜻을 실천하는 한몸된 관계

그러나 홀로 공부해 깨달을 수 있어도 깨달음을 지속하는 것은 함께 하는 이들이 있어야 가능하기에 뜻을 공유하는 사람들과 만나 실천하는 관계가 필요하다.[8] 국가와 자본은 사람을 개별화시키는 힘이 있다. 현실은 빈 공간이 없기 때문에 누구도 그 힘에서 자유로울 수 없다. 뜻을 품어도 이미 존재하고 있는 그 힘을 자각하지 못한다면 삶과 관념의 괴리는 커지고 국가와 자본이 요구하는 존재로 살게 된다. 자각은 혼자서도 할 수 있지만 사람은 관계적인 존재이기에 자각한 현실을 함께 넘어설 관계가 없다면 새로운 삶을 만들고 지속하기 어렵다. 한몸살이에서는 얼과 뜻 나누는 공부가 이어지고, 배움과 수행을 함께하는 많은 관계를 만들며 산다. 깨어 있으려 애쓰는 한몸된 관계의 중심에는 가장 기초적인 정치 조직인 두레가 있으며 두레는 그런 '뜻을 함께하는 관계'가 구체적으로 실현되는 장이다.

한몸살이 마을에는 이런 뜻을 실천하며 매주 함께 모여 삶을 나누는 두레가 여럿 있다. 두레 활동은 다양하지만, 가장 소중한 시간은 매주 만나 삶 이야기를 나누는 시간이다. 쉽게 꺼내기 어려운 삶의 무거운 짐들을 털어놓으며 함께 울기도 하고, 갑작스럽게 닥친 일들로 어찌할 바 모를 때 조언을 구하기도 한다. 인생의 중요한 기로에서 어떤 길을 택해

---

7 개접이란 일정 기간 모여 동학의 가르침을 배우고 익히는 활동으로, 기간이 끝나면 접을 파한다. 1863년 동학에 입도한 강시원의 《최선생문집도원기서》에 따르면 수운은 수시로 개접을 열어 동학의 가르침을 강론하고 제자들과 교리 문답을 자주 나누었다. 이러한 전통은 해월 시대에도 이어졌으며 해월은 관의 극심한 탄압과 감시 속에서도 장소를 옮겨 다니며 핵심 제자들과 개접 활동을 이어 갔다. 동학농민혁명 기간에도 이 활동을 끊이지 않았다. _박맹수, 〈동학 접포(接包)조직과 동학농민혁명〉(원광대 종교문제연구소), 312쪽

8 철호, 〈밝은누리를 일구며〉

야 할지 마음 나누기도 하고, 지난 한 주간 부끄럽거나 부족했던 점을 솔직하게 고백하기도 한다. 그럴 때마다 두레 식구들은 따뜻한 친구가 되어 위로를 건네기도 하고, 때로는 한 걸음 떨어진 스승이 되어 스스로 돌아볼 수 있도록 거울이 되어 주기도 한다. 함께 경전을 읽고 일상에서 수행하며 밝히는 얼 속에서 서로 비추어 주려 노력한다.

두레는 서로의 삶을 세심하게 살피고 배려하며, 함께 성숙하고 변화를 일구는 장이다. 청년 공동체방에 살던 한 벗은 늦게 자고 늦게 일어나는 습관 때문에 알람 소리를 듣지 못하고 정작 다른 이가 깨는 일이 반복되었다. 두레 모임에서 이 고민을 나누며 늦어도 저녁 10시에는 잠자리에 들겠다고 다짐했다. 하루는 두레에서 울력을 하다가 일이 늦어졌을 때, 두레 사람들은 그 벗이 스스로 약속한 것을 지켜 주기 위해 먼저 들어가라고 권했고 배려 덕분에 습관을 바꾸는 데 큰 힘을 얻을 수 있었다.

직장에서 관계 갈등으로 힘들어하던 다른 벗은 일을 그만두겠다고 두레에 털어놓았다. 두레 사람들은 그를 편들기보다 상황을 객관적으로 바라보고 관계에서 스스로 책임지고 달라져야 할 점을 일깨워 주었다. 그는 당장 직장을 그만두지 않고 성실하게 일하며 갈등을 마주하기로 했고, 나중에는 일터를 아쉬움 없이 정리할 수 있었다. 그렇게 보낸 단단한 시간은 이후 걸음을 힘 있게 내디디는 밑거름이 되었다.

❸ 마을자치: 자발적인 의제 설정, 주체적인 대안 실천

한몸살이에서는 모두가 생활정치의 주체가 되어 자기 삶과 맞닿은 다양한 의제를 발굴하고 함께할 이웃을 조직해 실천한다. 정부와 지자체가 설정한 의제만 따르거나 결정에 의존하지 않고, 우리 삶에 필요한 의제를 정해 스스로 다스려 가는 방식이다. 저마다의 주체적 역량과 필요에 따라 일상에서 새로운 활동을 펼치고 발전시켜 나간다. 정치 주체는 직접 정치인이나 활동가처럼 특정 직업에 제한되지 않는다. 그때그때 자발적으로 나서는 사람이 맡으며 일률적으로 강제되는 제도나 규율도 없다.

마을 이모삼촌들은 배움터에서 자원교사로 참여하며, 평일 오전 시간을 내어 어린이집 산책을 함께하기도 한다. 방학 때는 이모삼촌들이 주도해 여름/겨울나기 배움터를 연다. 이외에도 다양한 마을 살림이 벗들의 자발적인 손길로 이어진다.

인수마을의 생명순환 부산물 모둠도 그중 하나다. 인수마을밥상과 두 곳의 마을찻집에서 나오는 부산물을 모아 산너머텃밭(강북도시농업체험장)으로 돌려보내는 일이다. 네 명씩 한 모둠을 이루어 격주 아침마다 부산물을 싣고 산너머텃밭으로 향한다. 기존에는 홍천과 서울을 잇는 농도상생 마을공동체 운동의 일환으로 인수마을 부산물을 홍천마을로 옮겨 퇴비로 만들었다. 그러다 최근 인수마을 근처에 텃밭이 생기면서 여력이 되는 벗들이 자발적으로 나서서 더 가까운 곳에서 순환을 이어가고 있다.

이웃들과 예의 있게 만나며 소통하는 것도 자기 삶에 맞닿은 생활정치 의제를 설정하고 실천하는 노력이다. 직장이나 행정구역상 지역보다 더 근본적인 지점인 살림터에서 해간다. 인수마을 삼광빌라에서는 사라졌던 반상회가 되살아났다. 10년째 삼광빌라에 사는 한 벗이 빌라 반장이 되면서 일일이 집집마다 찾아가 입주민들과 소통할 일이 자주 생겼고, 반상회를 제안했다. 가장 먼저 빌라 대청소를 제안했고 이를 계기로 빌라에서 일어나는 크고 작은 일들을 소통하며 해결해 가는 문화가 지금까지 이어지고 있다.

홍천마을에서는 송전탑 저지 운동에 함께하고 있으며, 동네 어르신들을 모시고 잔치를 열어 세대와 세대를 잇는 시간을 마련한다. 또 청량 방과후배움터나 어린이주말학교 형태로 마을 이모삼촌들이 아이들을 만나고 있었는데, 2016년부터 강원도교육청 온마을학교 지원사업에 '서석온마을배움터'라는 이름으로 7년 동안 연대해 왔다. 2023년 강원도교육청 정책이 달라지면서 온마을학교 지원사업이 없어졌지만, 서석온마을배움터는 마을에서 자발적으로 참여해 왔기에 지속적으로 운영할 수 있었다. 지금은 서석면 안에 마을별로 배움터가 분화해 일상에서 더 긴밀하게 어린이들을 만나고 있다. 그동안 주체적으로 이어 온 마을교육 운동을 토대로 관과 협력했다는 점이 특징이다.

밝은누리의 정치 의제는 식의주락과 임신·출산·육아를 근간으로 한다. 1990년대 청년들이 생명평화·통일운동 중심으로 출발했지만 결혼과 출산, 육아라는 삶의 전환기를 맞으며 정치적 관심과 실천은 식의주락 생활 전반으로 옮겨 갔다. 2010년부터는 산업화된 도시 문명에 대한 성찰 속에서 강원 홍천에 농촌 마을공동체를 개척해 농도상생 운동을 구현하기 시작했고, 전쟁 위기가 극심한 2017년부터 1,000일간 생명평화 고운울림 순례를 이어 가면서도 늘 중심에는 식의주락이 있었다.

밝은누리가 실천해 온 정치는 제도나 권력의 문제가 아니라, 삶의 문제를 함께 풀어 가는 과정이었다. 일상 속 필요를 함께 다듬고 채워 가는 일이 곧 정치의 실천이었다. 그 과정에서 주체적 역량이 자라고 지혜와 슬기가 공유되어 운동의 지속성이 확보된다. 중요한 것은 일상에서 구체적으로 겪는 문제나 필요에 관심을 기울이고 대안을 만들어 가는 것이다. 곧, 멀리 있는 다른 누군가가 아닌 마을에서 함께 사는 이들과 일상을 새롭게 구성해 가는 실천이다. 일상과 무관한 구호를 외치면 실제 삶은 변하지 않는다. 거시정치적 의제를 쫓는 대신 일상의 문제를 스스로 조율하고 다스려 가는 마을자치야말로 깨어 있는 민의 자발성과 주체성 위에 서 있는 정치다.

❹ 울력과 품앗이로 상부상조

두레와 마을로 연결된 관계 속에서 품앗이와 울력 같은 공동의 일을 제안하고 함께하는 문화가 자리 잡고 있다. 학생과 부모, 교사는 물론 마을 이모삼촌들도 함께 배움터를 일구고 돌잔치와 생일잔치, 혼인잔치 같은 온갖 경조사도 필요와 형편에 맞게 함께 꾸린다. 학교를 지을 때, 공용 공간을 마련할 때, 김장과 이사 따위를 할 때 함께 손 모아 해결한다. 일상을 공유하고 나눌 수 있는 거리에 모여 사니 어렵지 않다. 이렇게 서로 돕고 나누는 문화를 통해 고유한 생활양식이 생기고 제도적 획일성은 최소화된다. 이런 울력과 품앗이의 모습은 마을 곳곳에서 생생하게 펼쳐진다. 특히 결혼·임신·출산·육아 과정을 자본에 맡기기보다 울력과 품앗이를 통해 함께 보낸다. 개인마다 정도는 다르지만 서로 돕는 관계 속에 어렵지 않게 육아할 수 있다.

> "제가 함께하고 있는 육아품앗이는 평일 오전 10시부터 오후 1시까지, 다섯 명의 아이와 아빠, 엄마들이 함께합니다. 품앗이에 가면 친구들과 이모삼촌들이 함께 있으니 아이는 금방 전환이 되었고 저를 찾는 일이 줄어들었습니다. 육아하며 지친 일상을 나누고 조언받을 사람을 사귀다 보니, 저 역시 마

음과 생각이 전환되어 힘을 얻을 수 있었습니다."[9]

두레들이 다 같이 모여 돌잔치나 혼인잔치를 열기도 한다. 2024년 9월, 서울 인수마을에서 태어난 두 아이의 첫 생일을 축하하는 합동 돌잔치가 열렸다. 누구는 축하 공연을 연습하고, 누구는 잔치 장소를 꾸미고, 누구는 돌상에 올릴 맛있는 먹거리를 준비했다. 돌잡이 선물은 현금이나 특정 직업 관련 물건이 아니라 마을 이모삼촌들이 아이를 생각하며 소박하지만 풍성하게 준비한 것들이다. '참되게 살자'며 참기름을 준비한 이모는 토끼 색종이 인형을 뚜껑에 씌워 놓아 아이의 시선을 사로잡았다. '주변을 밝히며 살자'는 마음으로 밀랍초를 준비한 삼촌도 있었다. 저마다의 진심이 담긴 선물들로 돌상이 차려진다. 부모뿐 아니라 마을에서 아이를 함께 돌보는 이모삼촌들의 애정이 묻어난다.

"신부신랑이 몸담은 마을공동체 벗들이 함께 마음 모아 혼인잔치를 준비했다. 예식 업체에 맡겨서 혼인식을 치를 필요가 없었다. 혼인식 기획단부터 꾸미기, 사회자, 축하공연, 사진촬영, 주차 안내에 이르기까지 마을사람들이 선뜻 나서서 잔치를 치렀다."[10]

비혼 청년들이 함께 생활하는 공동체방도 하나의 생활정치 공간이다. 가족이나 친구 관계를 넘어 새로운 관계 속에서 서로를 돌보고, 관계

---

9 강사무엘, "사람 이렇게 사는 거구나!" 〈밝은누리〉 신문 95호, 2019. 7~8.
10 임안섭, "마을 벗들이 준비해 더 흥겨운 잔치", 〈아름다운마을〉 신문 61호, 2015. 10.

맺고, 조화롭게 어울려 사는 힘을 기른다. 함께 사는 삶이 익숙하지 않았던 이들도 다른 사람들과 어울리고 배려하는 방법을 조금씩 배워 간다. 밤늦게 들어오면 걱정해 주고, 아플 때 살펴 주고, 기쁘거나 슬픈 일이 있을 때 가장 먼저 나누는 관계가 되니 고립되지 않는다. 이렇게 혈연을 넘어서는 새로운 가족의 형태에 뿌리내리는 경험을 한다. 나를 지키는 힘이 점점 부족해지는 세상에서 다시 관계를 통해 나와 우리를 스스로 지킬 힘을 길러 가는 것이 생활정치의 근본임을 깨닫는다.

5. 마을 넘어 살림생태계를 잇는 연대

밝은누리의 생활정치는 단지 한 마을의 자치 자족 자립에 그치지 않고 마을과 마을의 연대를 통해 더 넓은 살림생태계를 일구려는 실천으로 이어진다. 이 생태계는 두레에서 마을로, 마을에서 다른 마을로 확장되며 긴밀하게 연결된다. 국내외 곳곳의 길벗 마을들과의 만남을 소중히 여기며 꾸준히 관계를 이어 간다.

마을 간 연대를 바탕으로 민이 주인되는 자치를 확장하려는 모습은 19세기 동학에서도 볼 수 있다. 교세가 커진 동학이 탄압받기 시작하자 수운 최제우는 1863년 전국 각지에 16명의 접주를 임명해 접 조직을 정비한다. 접이 늘어나자 그 접을 모은 포 조직이 자연스럽게 형성된다. 이러한 접포 조직은 군과 현이라는 행정 구역의 경계를 넘어 각 지역의 백성을 연결하는 자치망 역할을 했고, 이후 지역마다 단발적으로 이루어지던 저항을 전국적 혁명으로 확장하는 토대가 되었다.

1894년 동학농민운동이 벌어지자 동학농민군은 전라도 각 군현에 집강소를 설치해 지역 기반의 풀뿌리 자치를 실현했다. 부패한 지방관을 몰아낸 자리에 민이 스스로의 힘으로 폐정을 개혁하기 위해 자치하는 공간이었다. 동학의 접포는 중앙 권력이 제공하지 못한 지역 차원의 복지를 실천하는 역할도 했다.

밝은누리의 생활정치 역시 이와 같은 맥락에서 이해할 수 있다. 서로 다른 마을들이 경험과 실천을 나누며 연대하고, 그러한 연대를 통해 더 넓은 생태계를 일구는 생활정치다. 동학이 접포를 통해 일상 속 자치하는 관계망을 조직하고 확장했던 역사적 실천과 닮아 있다.

이러한 연대는 마을과 마을뿐 아니라 필요에 따라 관과의 협력으로도 이어진다. 다만 관과 협력할 때는 기본적으로 이미 하고 있는 운동을 더 잘할 수 있는 범위에서 한다. 우선 스스로 할 수 있는 만큼 재정을 마련하고 운영하며 관의 재정에 의존하거나 외부 자원에 기대지 않는다. 관의 지원 없이 할 수 없는 사업은 진행하지 않으며, 오히려 민이 자발적으로 하는 운동에 관이 참여하도록 하는 것이다. 민관 교류와 협력이 관 중심적인 경향을 갖지 않도록 경계한다.

앞서 언급한 사례에서 온마을배움터를 예로 들 수 있다. 홍천마을에서는 청량방과후배움터나 어린이주말학교 형태로 마을 이모삼촌들이 아이들을 만나고 있었는데, 2016년부터 2년 넘게 강원도교육청 지원사업에 함께하며 서석 온마을학교라는 이름으로 청량분교 안에서 아이들을 만났다. 지금은 지원사업에 참여하진 않지만 여전히 온마을배움터로 청량분교에서 꾸준히 아이들을 만나 가고 있다. 그동안 주체적으로 이어 온 마을교육 운동을 토대로 관과 협력했다는 점이 특징이다.

6. 살림터에서 피어나는 정치

오늘날 정치는 삶에서 점점 멀어진 듯 보인다. 그럼에도 생활정치를 다시 이야기할 수 있는 건, 이미 그 길을 닦아 온 동북아 삶과 철학이 있고, 지금 이곳에서 마을 이루며 생활정치 일구는 이들이 있기 때문이다. 국가라는 틀 속에서 이루어지는 권력으로서의 정치가 아닌 내 살림터를 더 풍성하게 하는 정치가 우선되어야 한다고 힘주어 말할 수 있는 이유다. 생활정치는 국가주의와 가족이기주의라는 익숙한 통념을 넘어서려는 가장 근본적인 실천이다. 내가 속한 살림터에서 관계를 새로 잇고, 과제를 함께 풀며, 힘을 주고받는 길이다.

생활정치의 핵심은 눈에 띄는 정치적 성과가 아니라 보이지 않는 정신적 가치, 곧 한몸살이의 얼을 지켜 내고 이어 가는 힘에 있다. 그 힘은 하루아침에 생기지 않는다. 끊임없는 배움과 성찰, 깨어 있으려는 정치 주체로서의 노력이 뒷받침되어야 한다. 동학 교도들이 동학농민혁명 중에도 동학의 가르침을 배우는 개접을 게을리하지 않았듯, 묵묵히 배우고 익히며 함께 길을 열어 간다.

온갖 권력 충돌과 침략 전쟁이 만연하던 시대, 노자와 묵자, 동학은 서로 다른 길을 걸으면서도 공통적으로 마을이라는 살림터를 정치의 실천 무대로 삼았다. 물론 노자의 정치사상은 군주의 처세를 다루고, 동학은 농민군을 일으켜 사회 개혁을 시도했으며, 묵자는 어진 이를 지도자로 세워야 한다고 강조했다. 그러나 그 토대를 이루는 핵심은 모두 같다. 정치란 멀리 있는 권력의 장이 아니라, 우리 삶에 가장 맞닿아 있는 자리에서부터 이루어져야 한다는 것이다. 미시정치와 거시정치가 서로 보완하며 조화를 이룰 때 온전한 정치가 된다.

노자는 인위가 아닌 덕으로 다스리는 정치를, 동학은 백성을 편안하게 해주는 정치를 지향했다. 묵자는 정치가 오직 백성에게 이로워야 한다고 말했다. 백성의 이로움을 헤아릴 줄 아는 어진 이는 하늘에서 갑자기 떨어지는 게 아니라 어울려 사는 장에서 서로 돕고 살리며 길러진다는 것을 인식할 때, 우리의 생활정치는 더 힘을 발휘한다.

생활정치에 뿌리를 둘 때 우리는 거시정치에서도 투표 소비자가 아닌 깨어 있는 민으로 설 수 있다. 그런 토대가 없다면, 정권 교체나 정책 하나에 일희일비하며 체념과 기대를 반복할 수밖에 없다. 두레와 마을이라는 살림터에서 관계 맺고 힘을 모으고 조율하며, 함께 길을 선택하는 정치적 토대 위에서 거시적인 운동도 희망을 갖고 이어 갈 수 있다고 느낀다. 삶에서 시작해 더불어 어진 이가 되는 생활정치는 오늘도 우리 일상에서 피어난다.

대안세상 일구는 살림교육

지속가능성을 담보하는 마을·교육 생태계

1. 교육의 자취 : 국가교육과 대안교육

국가교육은 입시경쟁에서 자유로울 수 없다. 학생들은 학교에서 "서로 경쟁해라" "네가 더 앞서나가라"가 아닌, "친구들과 사이 좋게 지내라" "서로 양보하며 지내라"라는 가르침을 들으며 지낸다. 그러나 그 말과는 별개로 학생들은 구조적으로 늘 경쟁구도에 놓인다. '우정, 배려, 양보' 따위가 교실 앞에 급훈으로 쓰여 있지만, 실상 학생들은 모든 순간 1등부터 꼴등까지 줄 세워지는 현실이다. 과도한 입시경쟁은 학생들뿐 아니라 교사들 또한 평가 위에 올린다. 어떠한 삶의 본보기를 보이느냐보다 입시기술을 터득한 교사가 인정받고, 이를 기준으로 학생이 교사를 평가하는 현상이 나타난다. 친구들 간의 어울림과 우정, 스승과 제자 사이의 존경과 사랑, 지조와 신의 같은 가치를 들이고 싶어도, 학교라는 돛단배가 이미 입시경쟁이라는 큰 바다 위에 놓여 있기에 물결이 향하는 쪽으로 흘러갈 수밖에 없다.

국가교육의 대안이 된다는 대안교육은 어떠할까. 1990년대 중반, 우리 사회에서는 대안교육 운동이 전국 곳곳에 다발적으로 일어났다. 제도권 교육에 문제의식을 느끼고 '인권' 평화' '생태' '민주시민' 같은 기치를 내세워 다양한 시도를 해나갔다. 경쟁이 아닌 우정과 평화의 감수성을 기르고, 다른 생명들과 어우러져 살아가는 길을 가르치고자 했다. 그런데 그 대안적 가치가 지속되느냐 아니냐는 또 다른 문제로 드러났다. 학교에서는 세상과 다른 방식의 삶을 배우지만, 졸업 이후의 선택은 많은 경우 학생들이 스스로 감당해야 하는 형편이다. 어떤 경우는 대안교육이 '창조성 키우기'라는 이름으로 대학입시를 위한 또 하나의 방편으로 둔갑해 있기도 하다.

마을 없는 교육, 대안 생태계가 전제되어 있지 않은 대안교육은 위태로울 수밖에 없다. 학교를 졸업한 학생들에게 그 배움씨알을 심고 틔우게 할 생태계가 없다면 교육이라는 가치는 그저 관념으로만 머물게 된다. 책임 있는 교육운동은 그 교육이 지향하는 가치를 구현하기 위한 삶 전반의 전환에 바탕할 수밖에 없다. 학교를 먼저 세우고 새로운 세상을 만들어 가려는 게 아니라, 새로운 세상의 가치대로 살아가는 이들의 구심-관계성을 바탕으로 교육의 얼과 뜻은 살아 있게 된다. 삶과 정신을 계승할 새로운 주체들을 지속적으로 길러 내는 토대로서 마을-교육-살림생태계 일구는 자체가 곧 지속가능한 교육 운동의 구체적 실천 전략이 된다.

"국가와 자본에 의해 틀 지어지고, 그것에 복무하는 인적자원 양성을 목적으로 하는 교육은 국가와 자본의 생태계 속에 있는 것이다. 이와 다른 교육철학에 기반한 교육은 그 운동이 살아갈 새로운 생태계가 필요하다. 대안의 가치를 생성 보존 재생산하고, 그 가치에 기반한 삶이 지속가능하게 이루어질 수 있는 살림교육생태계, 살림생태계다."[1]

    이러한 맥락에서 노자, 묵자, 동학이 보여 준 삶-운동성에는 우리네 교육의 근본문제를 성찰하고 나아가게 하는 중요한 힘이 담겨 있다고 본다. 시대는 달랐지만, 그들의 운동은 근원에서부터 일관적이고 총체적이었다는 데 공통점이 있다. 새로운 세상을 이루기 위한 슬기로서 긴밀한 조직력-관계망을 실천전략으로 삼았고, 삶과 통전된 가르침의 전수(교육)를 바탕으로 그 뜻과 얼을 생성 보존 재생산했다. 이들은 주체역량을 기르며 재생산하는 삶터(마을)를 만들고, 더 넓게는 그러한 삶터들의 연대(생태계)를 꿈꾸며 실천했다.

    앞으로 다룰 글에서는 마을에 토대한 살림교육의 사례로서 밝은누리 교육운동을 살펴보고, 노자 묵자 동학의 가르침에서 지금의 교육현실에서 회복해야 할 중요한 가치들을 길어올려 보고자 한다. 이후에는 마을-살림생태계가 없는 교육운동 현실에서 노자, 묵자, 동학에 담긴 대안적 운동-삶의 총체성에 주목해 살림교육의 새 갈피를 제시해 보고자 한다.

2. 밝은누리 교육운동[2]

    교육의 길은 우리가 살아가는 세상을 어떻게 헤아리느냐에 따라 그 속살이 달라지기 마련이다. 세상을 승자독식의 전쟁터로 여기는 이와 공

---

1 철호, 《살림학 얼과 길》(밝은봄, 2025), 131쪽

2 공동체지도력훈련원 고운이들 홍천마을 교육모둠, 〈밝은누리 교육운동의 어제와 오늘, 그리고 내일〉(2022)을 바탕으로 정리했다.

생공존의 잔치판을 바라는 이가 펼쳐 가는 교육이 같을 수는 없다. 앞쪽 생각에 기운 사람들은 나와 너를 금긋고 싸움에서 이길 궁리를 할 테지만, 뒤쪽 생각을 따르는 이들은 서로 다른 생명이 아름답게 어울릴 길을 찾을 것이다. 문제는 앞쪽을 이른바 '현실'로 받아들이고, 뒤쪽을 '이상'으로 얕잡아 보는 흐름이다. 한쪽으로 기울어진 세상에서 새 길을 닦는 일은 그야말로 가시밭을 헤치고 돌밭을 일구는 일만큼 고될 수밖에 없고, 그렇기에 마음을 굳세게 먹어야만 한다.

> "사람은 태중에서부터 배우기 시작해 죽음에 들기까지 의도와 무관하게 형식유무와도 무관하게 배우고 가르칩니다. 교육은 학교 울타리 너머 삶의 장에서 일어납니다. 모든 공부의 과정이 서로 분절되지 않고 이어져야 합니다. 시대적 통념에 맞서 삶의 새로운 양식을 선도하는 '전위적' 빛을 비추어야 합니다. 지식뿐 아니라 삶의 양식에 대해서도 자본이 구축하는 것과 다른, 새로운 욕망을 창출해야 합니다. 새로운 가치의 선언, 전수, 계승이 우리 교육의 모든 장에 여실히 드러나고 교육과정에 양보 없이 반영되어야 합니다. 우리의 앎과 삶과 몸이 통합되는 교육의 틀을 만드는 일은 우리의 신념을 성찰하고 자기 삶이 생산하고 있는 것이 무엇인지 살피는 과정이 되어야 건강합니다."[3]

밝은누리는 앎과 삶이 순환하는 참된 공부를 하고자 애써 왔다. 세월이 흘러 청년학생이 부모가 되고, 마을에서 아이를 낳아 기르며, 앞서

---

3 수연, 〈교육, 하나님 나라를 사는 현실〉(밝은누리움터 교사연수회 발표자료)

품은 생명평화의 꿈을 다음 세대로 이어 가고자 했다. 뭇 생명 곱게 어울려 한몸으로 살아가는 뜻은 마을살이로, 생명을 생명답게 기르는 마을 교육운동의 역사로 고스란히 드러난다. 앎과 삶이 순환하며 살아 있는 공부를 하고자 했던 뜻은 마을-교육을 낳았고, 마을에 뿌리내린 교육운동은 '새로운 삶의 양식'을 밑거름 삼아 펼쳐졌으며, 마을 배움숲의 열매인 다음 세대 푸른이(청년/청소년)들은 마을을 새롭게 살리는 배움숲 주체로 든든히 여물어 간다.

밝은누리움터는 농촌과 도시에 식의주락 온살림의 새 길을 일구는 생명평화 마을을 되살리고, 농촌과 도시가 서로 살리는 사이로 나아가는 농도상생 마을공동체운동을 바탕으로 세운 배움터이다. 1991년 청년학생 교육과 지도력 훈련으로 시작된 밝은누리는 2000년 서울 북한산 자락(인수동)에 마을을 일구며 함께 공부하고, 깨달은 대로 살기를 힘써 왔다. 그 뒤로 2010년 강원 홍천마을, 2012년 경기 군포 수리산마을, 2021년 경기 양평 고운마을로 그 뜻을 이어 가고 있다. 마을마다 밥상과 배움터를 두고, 형편에 맞게 마을모임을 꾸리거나 울력과 품앗이로 삶의 필요를 채워 간다.

밝은누리는 2000~2004년을 거치며 마을 교육의 꿈을 차근차근 이루어 갔다. 비혼 청년들이 혼인을 하고, 아이를 낳아 기르고, 가르치는 몫을 함께 풀어 가려면 마을이 있어야 한다는 생각을 이 무렵에 뚜렷하게 갖게 되었다. 2001년부터 아이 키우는 몫을 부모가 함께 지는 문화가 자리 잡았고, 2003년부터는 내 아이, 네 아이 가리지 않고 마을이 함께 아이를 돌보는 품앗이 문화가 자연스럽게 퍼졌다. 2003년 마을공동체 교육문화터전 북한산 아카데미(현 생명평화길벗)에서 청소년 철학교실과 주말계절학교가 열리기도 했다. 주말계절학교는 마을교육과 공교육의 교사와 학생이 서로 만나고 사귀는 자리가 되었다. '교육사랑방'이라는 모임을 열어 교사·학부모·마을 이모삼촌이 함께 공부했고, 교육을 주제로 공부와 회의와 사귐이 어우러지는 문화를 만들어 갔다. 이런 마을 문화는 '마을학교사람들'이라는 이름으로, 때로는 운영위원 모임으로 때에 맞게 틀을 바꿔 가며 밝은누리움터를 이끌어 왔다. 이러한 마을공동체 품앗이 육아와 마을교육문화운동이 2003년 공동육아 어린이집으로 이어졌고, 2005년부터 시작한 초등 방과후 배움터를 바탕으로 2007년 '아름다운마을초등학교'를 세우게 되었다.

2000년부터 일궈 온 마을을 바탕으로 인수동에서 펼쳐 온 마을 교육 운동은, 2007년부터 품어 온, 농촌과 도시를 함께 살리는 마을 운동을 발판 삼아 2010년 강원 홍천에서 새롭게 이어졌다. 2011년 아름다운마을초등학교가 서울 인수터전과 강원도 홍천터전으로 나누어졌고, 홍천 터전에 '생동중학교'를 열었다. 2014년 생동중학교 첫 졸업에 맞춰 고등대학 통합과정인 '삼일학림'을 시작했다. 홍천에서는 2015년 폐교 위기에 몰린 농촌 분교에 아이들을 보내기 시작하며, 공교육과 대안교육이 어우러지는 교육 운동으로 '온마을배움터'가 시작되었다.

밝은누리의 여러 마을은 품앗이로 아이를 돌보고, 마을 배움터(또는 마을초등학교)를 세워 초등 과정의 어린이를 가르친다. 2011년 생동중학교라는 이름으로 시작한 중등 과정은 2021년부터 마을 형편에 맞게 나누어졌다. 홍천 '새빛들중학교', 서울 '빛알찬중학교', 군포 '푸른빛중학교', 양평 '고운마을학교'가 새롭게 열렸고, 양산 덕계마을에 있는 '밝은덕 배움터'가 마을-교육의 뜻을 함께하며 '생동하는 중등 배움터'라는 한 울타리 안에서 공부하고 있다. 중등 배움터에서는 학생이 지닌 생명의 힘을 스스로 찾고 깨닫도록 돕는다. 하늘땅살이 공부를 뜻있게 하고, 제힘으로 수수하게 밥옷집 마련하는 슬기와 솜씨를 온몸으로 익히고, 다른 생명과 더불어 사는 몸과 마음, 더 깊은 배움을 위한 기본 학습 능력을 중요하게 가르친다.

삼일학림은 고등대학 통합과정으로 마련된 배움터이다. 새로운 문명이 움트는 전환기에는 푸른이, 젊은이, 어른이 함께 공부하는 일이 당연하고 필요하다. 또한 푸른이, 젊은이, 어른이 함께 공부하는 틀거리로 대학입시 중심의 교육과 학벌 사회의 여러 문제를 넘어서고자 했다. 학년을 가르지 않고 저마다 필요한 수업을 골라 듣는 학점제로 꾸려가는데 하늘땅살이(농사), 집짓기(건축), 만들기(생활기술), 얼밝히기(철학수신, 마음닦기, 종교, 역사), 고운울림(생활예술)을 필수과목으로 둔다. 이 공부로 학문이 지닌 기본 원리를 배우고, 그밖에 여러 분과학문(수학, 과학, 경제, 사회, 문학 등)이나 다른 나라말은 선택과목으로 필요에 따라 배우고 익힌다. 배우고 싶은 주제로 수업을 열어달라고도 하고, 배우는 이가 스스로 공부한 뒤에 학점을 받기도 한다.

밝은누리 교육 운동은 어른들이 사는 모습을 보여 주는 것으로 이미 시작되었다. 제힘으로 수수하게 밥옷집 마련하고 신명나게 어울려 노는 모습으로, 또 혼인하고 아이 낳아 기르고 살림하는 새 길을 만들어 가며 아이들을 참되게 가르친다. 이른바 대안교육은 가르치는 이들이 살아온 자취와 그 열매에 바탕을 두어야 힘있게 펼칠 수 있다. 하지만 정작 자기가 가르치는 대로 살기란 무척 어려운 일이기에 학생들이 공부할 때 부모들도 학교에서 이루어지는 공부를 함께 해나가야 한다. 그리고 새로운 가치에 따라 제 삶을 힘껏 바꿔 가는 노력이 필요하다. 밝은누리움터는 메말라 버린 틀로 학생을 가두고, 생명을 생명답게 마주하지 못하는 교육에 반대해 왔으며 교육 운동의 성과를 두고 가볍게 주고받는 말이나 허울 좋은 명성에도 거리를 두었다. 이런 얼과 뜻을 굳게 지키며 마을 교육 운동을 이어 왔다.

밝은누리 교육공동체는 농생활을 바탕으로 자기규율 능력을 키우고, 일상을 제힘으로 살아갈 수 있는 여러 기술을 익히며, 생명평화의 가치를 몸에 들이는 공부로 뭇 생명 곱게 어울리는 세상을 함께 꿈꾸고 만들고자 한다. 여러 생명이 서로 아름답게 어울리는 삶은, 교육의 알짬이자 목표이다. 교육은 지난날을 되풀이하는 것이 아니라, 아이들이 제 앞날을 마음껏 꿈꿀 수 있도록 생명력을 북돋고, 서로 어울리는 슬기를 키워 새로운 삶과 문명을 만들어 가는 길이다. 교육으로 이루고자 하는 가치와 목표는 저 멀리 있는 게 아니다. 현재를 살며 깨달은 바에 이미 담겨 있다.

3. 노자, 묵자, 동학에 담긴 살림교육 슬기

❶ 하늘을 우러르고 생명을 사랑하며

'하늘을 우러르고, 생명을 사랑하라'는 가르침은 뭇생명을 괴로움으로부터 벗어나게 하여 널리 이로운 세상을 만드는 길로 이끈다. 사람은 하늘의 명을 받아 땅에서 살아가는 목숨이다. 온생명 가운데 태어나고 자라 다시 새 생명을 낳는 운명을 받았으니 다른 생명과 도탑게 지낼수록 생명력은 커지기 마련이다. 여러 생명이 저마다 사랑받고, 서로 곱게 어우러져 평화를 누리는 삶이 곧 생명평화이다.

《도덕경》에서는 "사람은 땅을 본받고 땅은 하늘을 본받고 하늘은 도를 본받고 도는 자연을 본받는다"고 했다. 사람을 하늘 명 품고 태어나 그 뜻 따라 온생명 속에서 어우러져 살아가는 존재로 본 것이다. 이는 생명이 다른 생명과 더불어 있을 때 생명이라는 본질을 기억시켜 주고, 낱생명이 지닌 한계를 넘어 온생명으로 사는 삶의 근본 이치를 깨닫게 한다.

묵자의 가르침 또한 하늘을 공경하는 마음에서 비롯했음을 알 수 있다. 《묵자》 천지 편에서는 "하늘은 천하를 평등하게 아울러 그들을 사랑하고 만물을 서로서로 자라게 하여 이롭게 하고 있다. 털끝 하나라도 하늘의 하심이 아닌 것은 없으며 백성들은 그것을 얻어 이롭게 하는 것인즉 참으로 크다 할 것이다"라고 한다. 뭇 생명을 사랑하고 아우르며 평등케 하는 하늘이 백성들의 삶을 조율하고 있음을 나타낸다. 하늘뜻 경외하는 마음을 품고 생명을 사랑할 때 '천하무인', '겸애'는 묵가들에게 자연스럽게 따라오는 실천이었다.

동학의 가르침에는 만물에 깃든 근원적 생명인 하늘을 마음 다해 모시는 정성스러움이 녹아 있다. 스스로 마음을 다스려 성품을 바르게 하고, 하늘을 모시는 존엄한 존재인 사람을 소중하고 평등하게 대하라는 생명존중 사상이 담겨 있다. 동학의 시천주(侍天主)와 양천주(養天主)는 그 알짬을 담은 표현으로, 내 안에 하늘을 모시는 것과 그 뜻을 돌보고 닦는 실천을 말하며, 이 둘은 하나의 가르침이다. 동학농민운동은 이 뜻을 이어받아 하늘을 공경하는 마음에서 시작해 새로운 문명을 여는 운동으로 이어진 사례였다.

하늘을 경외하는 마음을 잃으면 아집과 오만에 빠지게 되고, 이는 결국 생명을 경시하는 문명을 낳는다. 죽임의 문명 속에서 지식과 학문은 자연스레 자본과 권력에 복무하는 역할을 하게 된다. 교육의 가치가 자본과 권력을 탐닉하는 경쟁-올무에 갇혀 제 생명력을 잃게 되는 모습이다. 이러한 문제의식을 바탕으로 밝은누리에서는 하늘 땅에 깃들어 몸과 마음 밝히는 배움을 중요하게 다루어 왔다.

얼 밝히는 공부로 철학, 종교, 역사, 몸과 마음을 닦는 수련이 중요하다. 하늘 땅이 사귀며 이루는 생성변화 이치를 깨닫고, 이를 바탕으로 자기를 비롯한 여러 생명사건을 헤아리는 힘을 키운다. 하늘 땅과 사람 사이 기운이 서로를 살리는 쪽으로 이어지는 것이 자율이며, 그 기운이 본디 가진 힘에 따라 흩어지는 것이 자유이다. 자율이 얼(영혼)과 이어졌다면, 자유는 몸과 이어졌다. 다른 이들 사이에서 나를 알맞게 닦아 세우는 일이 자율이라면, 자기 한 몸을 두고 부리는 힘은 자유이다. 자율은 때와 곳을 살펴 내 기운을 알맞게 드러내는 것이기에 밖에서 주어진 틀(타율)이 아니라 스스로 짊어진 틀(자율)이다. 하늘, 땅, 뭇 생명이 온 생명으로 이어진 자리에서 어울릴 줄 아는 슬기인 셈이다.[4]

공부는 몸과 마음의 자기규율을 길러 가는 수련이며, 수련은 꾸준한 반복을 거쳐야 한다. '생명평화', '생태', '더불어 사는 삶'이라는 대안교육의 가치도 수련하는 공부에 바탕을 두지 않으면 부질없는 말치레에 그치고 만다. 이제는 개념을 집어넣는 일은 되도록 줄이고, 둘레 생명과 어울리는 슬기, 곧 더불어 사는 법을 가르칠 때다. 질서와 약속과 예의를 지키고, 자기 둘레를 깨끗하게 정리하고, 다른 생명들과 마음을 주고받

---

4 철호, 〈삼일학림 삶과 얼〉

는 사람을 기르는 일이 필요하다. 몸과 마음을 함께 닦는 수련이야말로 참된 공부와 건강한 삶의 바탕이며, 밝은누리움터 교육의 알짬이라 할 만하다.

제 몸이 나고 자란 흙에서 기른 곡식과 열매를 먹어야 건강하게 살 수 있다. 하늘 땅이 내는 생명을 먹고 사는 우리는 똥과 오줌을 거름으로 되돌려 온갖 흙생명을 살리고, 그 흙에서 거둔 생명을 몸에 들인다. 이런 삶이 곧 생명순환하는 삶이다. 농은 하늘 땅에서 이루어지는 모든 일의 바탕이다. 하늘 땅 사람이 어우러져 서로 살리는 아름다운 예술이기에 하늘땅살이다. 농은 생명을 살리는 모든 일이며, 하늘, 땅, 사람이 하나임을 깨닫고, 배우고, 익히는 뜻있고 거룩한 삶이다.

농생활은 농, 생산, 살림을 중심으로 농촌과 도시가 서로 살리는 삶을 만들고, 소비, 교육, 의료, 복지, 문화에 걸쳐 삶을 통째로 바꾸는 슬기이자, 생명을 살리고 그 생명으로 다시 살림받는 생명순환의 길을 따르는 삶이다. 온 누리 앞날의 희망은 농생활 영성, 생명살림의 영성을 바탕에 두고 농촌과 도시마을이 서로 살리는 생활양식과 문화를 만들어 내는 데 있다. 어떤 교육도 농과 생명살림이라는 흙에 뿌리를 내려야 살아 있는 교육이 된다는 사실을 기억해야 한다.

"배움을 통해 나를 쌓는 게 아니라, 나를 끊임없이 비워 내야 함을 되새긴다. 쌓는 것, 나를 변화시키는 것은 오직 하늘만이 하신다. 나라는 존재가 나만을 위해 존재하는 게 아니라, 하늘 땅 온생명과 꿰어진 존재라는 것을 깨달아 가는 과정이다. 정성껏 공부하고, 꾸준히 수련해 가는 과정이 또 하나의 교만을 쌓는 것이 되지 않기 위해선 그 공부의 방향이 내 욕망을 채우는 것이 아니라 내 연약함, 부끄러움을 정직하게 마주하고 넘어서고 비워 내는 과정이 되어야 함을 기억하고 싶다."

_ 삼일학림 푸른이 날적이

"하늘땅살이하며 참 많은 일이 있었다. 처음 밭을 일구고 씨를 넣을 때 설렜던 마음, 오래 기다렸던 싹을 보게 됐을 때의 기쁨, 한 주씩 지날 때마다 늘어 가는 풀들을 보며 크게 한숨 쉬고 싶었던 마음, 더운 여름 계곡에서 실컷 논 일, 첫 오이 따 먹은 날, 처음 밭에 잠자리가 날아다니던 날, 꽃도 못 피고 져 버린 해바라기에게 전했던 미안한 마음… 정말 엄청났다. 하늘땅살이하며 생명을 만나는 걸 배웠고, 내가 한 것이 아니라 하늘이, 땅이 한 걸 받는다는 걸 배웠다."

"올해 하늘 땅과 더불어, 동무들과 더불어 지내 온 날들 돌아본다. 많이 느낄 수 있었고, 많이 누릴 수 있었고, 많이 즐거웠다. 작년 하늘땅살이 갈무리하며 내가 작물들을 사랑을 갖고 만나나, 일방적인 관계이진 않나 고민되었다. 올해 지내면서는 사랑을 갖고 만난다 말할 수 있겠다. (사랑이란 틀 때문에 더 고민한 것 일지도…) 정말 많은 것 누리고 있구나, 큰 사랑 속에 있구나 느꼈다."

_ 중등 푸른이들 날적이

❷ 줏대와 신의를 기르는 배움

일제강점기와 해방을 거치며 우리 겨레를 둘로 갈라놓은 강력한 힘은 '처세'와 '기회주의'였다. 사대주의 역사관과 문화가 문제 자체를 인식하기 어려운 뿌리 깊은 정신 질병이 되었고, 기회주의 처신이 삶의 현실적 지혜로 강력히 자리 잡으며 지조와 정절을 지키는 줏대 있는 삶의 소중함을 잃게 되었다.[5] 실제로 처세와 기회주의는 학교에서뿐 아니라 일터나 관계에서도 선배에서 후배에게 대물림되며 마치 세련된 지혜인양 전수되고 있다. 이러한 현상은 혈연, 지연, 학연 같은 연고주의를 만들어 냈고, 줄을 잘 서야 승승장구할 수 있다는 인식이 퍼져 나갔다.

그러나 처세와 기회주의가 크게 작용했던 일제강점기에도 지조와 정절, 줏대 있는 삶을 가르치는 교육은 존재했다. 만주를 중심으로 반제국주의 민족해방운동과 맞물려 전개된 교육운동이다. 명동마을에 토대한 명동학교와 용동마을의 오산학교 운동 등에는 우리가 계승해야 할 중요한 가르침이 담겨 있다. 이들은 더불어 사는 마을에서 교육, 해방, 평화를 하나로 구현하는 삶을 실천했다. 지조와 정절을 지키는 줏대 있는 삶의 자세와 영성, 이를 신념화하고 새로운 주체를 키우는 교육운동의 본보기다.[6]

신의를 강조하는 교육운동의 뿌리는 노자, 묵자, 동학의 가르침 면면에도 녹아 있다. 《도덕경》에서는 "무릇 예(禮)라는 것은 충(忠)과 신(信)이 두텁지 못하여 어지러움의 머리가 된다"고 했다. 충과 신을 제대로 기르지 못할 때 예는 따분하고 지루한 형식이 되고, 상대방에게 같은 예를 당연하게 요구하는 지배윤리가 되기 쉽다. 자기 마음의 중심을 잡아 예를 지키는 것이 충이라고 했듯, 충의 대상은 외부가 아닌 나 자신을 향해야 한다. 절제와 염치, 자기규율로서 다른 생명들과 관계 맺는 것이다. 배우고 가르치는 삶에서 예와 충과 신은 매우 중요한 덕목으로, 더불어

---

5   앞의 글

6   앞의 글

사는 삶의 소중한 실천윤리이다.[7]

　동학 경전인 《용담유사》 도수사 편에는 이런 대목이 있다. "남의 제자가 되는 법은 평생 의로써 변하지 않음을 맹세한 후에 공경스럽게 받은 가르침을 털끝만큼도 변하지 않는 것이라네. 뛰어난 자질을 지닌 군자들은 흔히 있지만, 이렇게 스승이 되고 제자가 되어 변치 않는 것이야말로 우리 교문의 훌륭한 덕이 아니겠는가?", "마음을 굳게 먹고 가르침을 변하지 않으면 이것이 바로 군자가 되는 것이 아니겠는가."

　《묵자》에서도 지조를 지키는 삶의 태도를 엿볼 수 있다. 묵가의 스승이었던 맹승은 초나라 양성군으로부터 방어 임무를 받았는데, 양성군을 지키지 못한 일을 자책하며 자결하려 했다. 그의 제자였던 서약은 맹승에게 간곡히 말했다. "죽음으로써 양성군에게 도움이 된다면 죽는 것이 옳습니다. 그러나 아무 도움도 되지 않는다면 선생의 죽음은 세상에서 묵가를 끊어지게 할 뿐입니다." 그러자 맹승은 말했다. "나는 양성군에게 스승이 아니라 벗이었고, 벗이 아니라면 신하였다. 내가 죽지 않는다면 지금부터 앞으로는 엄격한 스승을 묵가에서 찾지 않을 것이며 훌륭한 신하를 묵가에서 찾지 않을 것이다."

　밝은누리에서 지조와 정절, 신의를 지키는 삶은 매우 중요하게 여겨진다. 학생들은 약속을 지키는 일을 중요하게 여기고, 함께 만드는 문화 속에서 아름다움을 분별하는 감수성을 키워 간다. 학생들은 스스로 삶의 문화를 만들고 나누고 돌아보고 다시 새롭게 하는 주체적 배움을 하는데, 이때 서로에게 중요하게 밑바탕되는 뜻이 바로 줏대와 신의이다. 학생들이 스스로 정한 규율을 함께 지켜 갈 때 어려움이 생기면 서로 충

[7] 앞의 글

분히 이야기를 나누며 기운을 세워 간다. 학교에서뿐 아니라 마을이라는 관계에서 촘촘한 일상을 기본적으로 함께 공유하기에 서로를 더 책임 있게 지켜봐 주며 신의 있는 관계를 만들어 간다.

교사들 또한 이를 중요한 배움주제로 삼는다. 어떤 일에 대해 진실하지 못하거나, 말과 행동에 괴리가 크거나, 동무에 대해 뒷말을 하는 경우에는 그 문제를 아주 중요하게 다루며 함께 돌아보는 시간을 충분히 보낸다. 머리에 지식을 쌓는 일보다 스스로 한 약속을 지키고, 더불어 살아가는 삶의 감각을 기르는 일이 훨씬 중요하다고 느끼기 때문이다. 이는 학생들뿐 아니라, 마을에 터해 함께 살아가는 교사, 학부모, 마을 이모 삼촌 모두에게 해당된다. 여러 생명이 곱게 어울리는 모습이 아름다움이며, 늘 아름답고자 애쓰는 마음이 생명평화 세상을 만드는 밑거름이라 믿는 까닭이다.

> "여러 번의 경험이 쌓이면 흘려듣게 된다. 하나하나 반응하기 어렵다. 학교에서 최근 있었던 일과 이어 본다. 한두 번 장난으로 시작한 것이 처음에는 살짝살짝 이래도 되나 생각도 들었지만 격해지는 기운이 만들어지면서 비춰 주는 여러 말에 둔해지는 경험을 했다. 한두 번은 실수고 그 경험을 통해 달라지기 쉽지만 큰 흐름이 되면 달라지기 어렵다. 이 사건을 통해 많이 달라질 것 같다. '깨어 있다'는 말이 나에게 오는 여러 자극을 언제나 잘 듣고 보는 것이겠구나 느낀다. 하나의 사건이지만 이 사건을 자극 삼아 전과는 다른 새로운 반응, 일상 지어 가야겠다."
>
> _ 중등 푸른이 날적이

"신의를 지키지 못하는 것 앞에서 제대로 화를 내고 싶다. 지조와 정절을 지켜 갈 때, 품격이 생기는 것이다. 냉정하게 말하는 것을 어려워해 왔기 때문에 더 분명하게 맺고 끊기 위해 애써야 한다. 그 앞에서 무수한 두려움을 느낀다. 그럴수록 중심을 내게 가지고 온다. 누군가에게 어떠한 사람이 되기 위해서, 어떠한 사람으로 보이기 위해서 냉정해지는 것이 아니다. 그저 나와의 약속을 지키기 위해, 내 안에 있는 뜻을 지키기 위해 담대해지는 것이다. 배움 앞에서 부끄럽지 않고 싶다는 바람이 내 안에 있고, 이 마음은 앞서 그 길을 걸어간 이를 공경하고 사랑하는 마음에서 온다."

_ 삼일학림 푸른이 날적이

❸ 삶, 살림이 있는 교육

대학입시 제도의 큰 틀 안에 있는 국가교육은 정보화 시대, 디지털 역량을 키운다는 명목으로 점점 인간을 소외시키는 방향으로 흐른다. 학생들은 삶의 태도나 살림역량보다 평가에서 점수를 얼마나 받느냐, 어떤 학교에 진학하느냐에 관심을 둘 수밖에 없다. AI가 교육현장에 도입되고 인터넷, SNS가 활발해지면서 누군가와 연결되고 싶은 욕구는 더 커지지만, 정작 옆에 있는 친구들과 관계 맺기는 점점 어려워진다. 땀 흘리는 노동의 가치나 살림, 어울림의 가치가 가벼워지고, 죽임의 문명이 학교현장에 깊게 드리운다. 삶이 있는 교육, 서로를 살리는 교육의 회복이 중요해지는 지점이다.

《묵자》 기록에 "내가 하늘의 뜻을 가지고 있다는 것은 비유컨대 바퀴 만드는 사람이 그림쇠를 가지고 있고 목수가 곱자를 가지고 있는 것과 같다"라는 대목이 나온다. 묵자는 하늘뜻이 경전이나 종교행위에 있지 않고 몸을 놀려 삶을 실천할 때 드러난다고 보았다. 백성들의 일상, 특히 노동하는 이들의 삶에서 구현되는 것으로 본 것이다.

《해월신사법설》에서는 "부인은 한 집안의 주인입니다. 하늘을 공경하는 것과 제사를 받드는 것과 손님을 접대하는 것과 옷을 만드는 것과 음식을 만드는 것과 아이를 낳아서 기르는 것과 베를 짜는 것이 모두 부인의 손이 닿지 않는 것이 없기 때문입니다"라고 한다. 살림살이, 육아주체를 한 집안의 주인이자 가장으로 표현한 것은 이 글이 쓰여진 당시 시대를 생각해 보면 더욱 놀랄 만하다. 동학농민운동 또한 주먹밥을 만들어 먹이고, 산속에서 헤진 옷을 다시 수선하고, 다친 이들을 돌보는 손길들이 없었다면 이어지지 못했을 것이다. 그 어떤 고귀한 뜻도 삶을 떠받치는 돌봄과 살림역량이 밑바탕하지 않으면 가닿을 수 없는 길이 된다.

밝은누리 마을 배움터들에서 공통적으로 발견되는 풍경이 있는데, 울력과 밥상살림, 논밭뫼살림이 일상화된 모습이다. 학생들은 아주 작게라도 스스로 텃밭을 가꾸면서 하늘땅살이 수업이나 주말 시간을 활용해 밭생명을 돌보고 기른다. 직접 기른 밭작물들로 학교나 마을밥상에 찬을 올리기도 하고, 겨울에는 함께 기른 무 배추로 김장을 담근다. 살림목공 수업에서는 학교에서 필요한 책상, 사물함, 칫솔꽂이 등을 함께 만들기도 한다. 삼일학림에는 만들기, 고운울림(살림예술), 집짓기 수업 등이 필수과목으로 자리 잡혀 있다.

하루의 배움 마치면서는 다 함께 학교를 가꾸면서 하루 동안 쌓인 먼지를 닦아 내고 사용한 물건들을 제자리에 가지런히 돌려놓는다. 학교 공간의 뒷간 신발들은 다음 사람이 신기 좋게 돌려놓아져 있고, 쓰임이

다해 새로 장만해야 할 물건이 있으면 서로에게 잘 알려 제때 채워지도록 살핀다. 살림역량을 닦는 일 자체도 중요하지만, 함께 살아가는 삶에서 다른 이들을 살피고 배려하는 감수성을 키워 간다. '살림'이라는 주제가 한몸된 관계망 속에서 재해석되고 생명이 연결된 존재라는 점을 자각하게 되는 것이다.

> "마을밥상 울력하며 내가 칼질을 매우 못한다는 사실을 깨달았다. 앞으로 갈고닦고 수련해야 할 생활의 사소하지만 중요한 부분이다. 밥상이 많은 수고로 있다는 사실을 몸소 느꼈다. 울력하며 이모삼촌들과의 교제가 좋기도 했지만, 서로 많은 말을 하지 않아도 같은 일 하고 가끔 눈 마주치면서 마음이 따뜻했다. 많은 사람들이 먹을 밥 짓는 일이 뿌듯하다. 울력이라는 자리로 만나니 새롭기도 하고 유익이 크다. 그 시간이 알차고 커다랗다."
>
> "마을 어린이집 동생들을 잘 만나 가는 방법에 대해 고민했다. 동생들의 생각을 더 알고 싶기도 하고, 밥상이나 일상에서 더 자주 만나며 알아 가야겠다."
>
> _ 중등 푸른이들 날적이
>
> "집짓기를 배우며 삶터를 짓는 역량을 기르고 있다. 몸 노동은 주체적으로 내 삶을 꾸려 가는 데 일차적으로 필요한 거라는 생각이 들었다. 몸 노동이 얼마나 필요하고 가치 있는지 삶으로 다가오고 있는 것 같다. 하늘과 땅과 이어져 노동하는 삶, 참 재밌다."
>
> _ 삼일학림 푸른이 날적이

❹ 물들이고 물들기

밝은누리 어린이집, 초등배움터 어린이들은 마을 곳곳에서 경험하는 일들을 저들만의 놀이로 풀어낸다. 밥상놀이, 찻집놀이, 육아놀이, 사물놀이, 공연놀이 등 마을에서 관계 맺는 이모삼촌, 선배들이 보여 주는 삶이 곧 역할놀이의 소재가 된다. 마을잔치에서 공연을 보고 와서는 "우린 기타모둠이에요", "난 촬영모둠이에요" 하며 놀고, 선배들의 풍물놀이를 보고 온 날에는 저마다 몸에 색 보자기를 두르고 바구니를 꽹과리 삼아, 벽돌 놀잇감은 장구 삼아 흥겹게 친다. 마을에 아기가 태어나면 아기 낳고 기르는 놀이도 생긴다. 아이들은 일상에서 새로운 욕망과 즐거움을 발견하고 누리며, 새로운 삶의 양식과 문화를 몸과 마음에 들인다.

삶에서 어떠한 문화를 만들어 간다고 할 때, 그 시작은 어디에서 비롯될까 생각해 보면 마을 아이들의 모습이 떠오른다. 묵자는 행실과 도리와 성품은 물들여지는 것이라며, 사람을 서로 물들이고 물드는 존재로 보았다. "파란 물감을 물들이면 파래지고 노란 물감으로 물들이면 노래진다. 넣는 물감이 변하면 그 색깔도 변한다. 그러니 물들이는 것을 신중하게 하지 않을 수 없다"고 했다. 생명은 더불어 살아가는 존재이기에 때에 따라 서로 영향을 주고받으며 변화하면서 저마다의 고운 빛을 내뿜는다. 그러기에 서로 물들이고 물들며 함께 사는 삶은 다채롭고 즐거울 수밖에 없다.

세상에 무풍지대는 없다. 생명이 있는 어디에나 그 살림터를 지배하는 힘이 생기기 마련이다. 묵자가 "내가 나를 부리지 못하면 남이 나를 물들여 부린다"고 했듯, 오늘날 자본주의 시대에는 사람을 개체화하고 모든 것을 상품화하는 강력한 힘이 작동한다. 불특정 다수에게 확산되는 미디어와 상품화된 미를 통해 서로 물들어 가는 속도는 점차 빨라진다. 점점 거세지는 자본의 힘에서 대안을 만드는 방법은 새로운 방식의 물듦을 만드는 것이다. 이는 식의주락 전반에서 대안을 함께 만들고 실천하는 한몸된 관계를 만드는 실천으로 가능하다. 새로운 뜻과 얼로 살아가려는 이들이 함께 공부하며, 자율적이고 주체적인 삶의 자세를 기르고, 새로운 욕망을 추동하며 함께 물들어 가는 새로운 관계, 생태계를 만드는 것이다.

새로운 생활양식을 만들어 간다고 때 중요한 점은 외적 규율이 아닌, 서로 곱게 어울리는 아름다움을 함께 감각하며 터득하는 가운데 꽃피운다는 점이다. 아름다움은 지금의 내 선택이 나를 포함한 곁생명들에게 어떤 기운과 영향을 만들 수 있을지 살피는 마음에서 움튼다. 서로를 아끼는 마음으로 건강한 먹거리, 과하지 않은 편안한 옷차림, 자연과 어우러지는 살림터를 일구고, 누군가를 소외시킬 수 있는 놀이에 거리를 두며 모두가 함께 누리고 즐기는 문화를 만들어 간다.

함께 물들어 가는 과정은 특히 선후배 관계에서 생기 있게 일어난다. 마을 어린이집 동생들은 초등학생 선배들을 보고, 초등학생들은 중학생 선배들을 보고, 중학생들은 고등대학 선배들을 보면서 자연스레 앞날을 꿈꾸고 그려 본다. 어느 때는 먼 인생을 산 어른보다도 가까운 한 걸음을 먼저 내디딘 선배들의 시행착오나 지혜가 동생들에겐 더 큰 힘이 되기 마련이다. 학교에서뿐 아니라 마을이라는 일상 관계망에서 가까이 만나 가고 있기에, 밥상에서 찻집에서, 마을 곳곳에서 서로 고민을 터놓고 지혜를 나누며 함께 동지로 자라 간다. 대중매체에서 보는 어느 유명인보다 서로의 삶에 더 큰 영향을 주며 사랑과 애정으로 스며드는 관계이다.

"선배들 하면 그냥 '신명'이 떠오른다. 생각해 보면 선배들도 한때는 내 나이 정도일 때가 있었을 것이다. 내가 걷는 이 길을 먼저 걸었고, 아마도 내가 갈 길을 걸어가고 있었을 것이다. 내가 가는 길 앞에 선배들이 있다는 건데, 그랬기에 든든했다. 선배들과 지내면서 여러 가지를 느꼈다. 그 속에서 저렇게 살고 싶다 느끼기도 했고, 지금 배움터에서 함께 일궈 가고 싶은 문화들이 떠올려졌다. 더 잘 살자는 마음을 중심으로 함께 관계 맺고 살아가는 것, 사랑하는 것, 이 마음 기억하며 지금 여기서 살고 싶다."

_선배들과 만남 후 중학생 푸른이가 쓴 날적이

❺ 스스로를 닦고 우리를 밝히는 길

묵가공동체에는 거자(鉅子)라는 지도자들이 있었다. 이들은 정치적인 의미의 지도자이기도 했지만, 그에 앞서 어떻게 살아야 하는가를 몸소 보여 주는 스승이었다. 해월 최시형은 동학 접주들을 모아 대인접물 법설을 했다고 전해지는데, 그때 중요하게 다룬 가르침이 '먼저 나를 변화시켜 우리를 바꾸자'는 것이었다. 묵가와 동학운동의 본이 되었던 지도자들은 모두 스스로를 닦고 함께 공부하며 얼을 계승하고 재생산하는 데 힘썼다. 혁명가적인 역사의식을 품으면서도, 일상적으로는 영성 수련적 삶의 자세를 실천하며 나와 우리를 함께 성숙시킨 것이다.

밝은누리 살림교육의 특이성은 마을에서 함께 자라 가는 아이들과 어른(교사, 부모, 마을 이모삼촌)들이 함께 공부한다는 점이다. 고등대학 통합과정 삼일학림에서는 10대 후반부터 50대까지 여러 세대가 가치를 공유하며 함께 배워 간다. 마을의 모든 이모삼촌들은 잠재적 교사들이기에 늘 몸과 마음 닦으며 스스로를 고양하고, 배움길에서 피어나는 어린이와 푸른이들의 생명력은 어른들을 깨어나게 하는 귀한 배움거리가 된다. 배우고 가르치는 몫을 못박아 두지 않고 서로를 북돋우며 한뜻으로 공부한다.

학생, 교사, 부모는 새로운 삶을 함께 꿈꾸고 일구는 사이로 하나된다. 이렇게 서로 배움을 북돋는 사이(동지)가 되어 세대단절이라는 사회문제를 너끈히 넘어선다. 새로운 가치와 생활양식을 만들어 가는 문명전환기에는 어린이, 푸른이, 어른이 함께 공부해야 마땅하다. 다양한 세대가 함께 배우고 가르치면서 새 삶과 문명을 만들어 가는 새로운 주체로 거듭나는 것이다.

"'얼이 변하면 내 삶이 누군가의 삶을 변화시킨다.' '때에 맞게 성숙해야 한다.' 이 두 가지 말은 엄마가 되어 살아가는 나에게 새롭고 묵직하게 다가온다. 얼 밝히는 공부가 아이와 나를, 이 관계를 변화시키고 있는지, 얼이 밝아지며 함께 밝히고 밝아지고 있는가. 공부하고 있는 내 모습이 아이 눈에는 어떻게 비칠까. 함께 더 행복해지고 있는 걸까? 이와 함께 때에 맞게 성숙하지 않았을 때 아이가 느낄 무거움을 생각한다."

"푸른이들과 학교에서 하루를 보내고 두레로 함께하며 얼 밝히며 지낸다. 이들이 보내 주는 신뢰에 자유로움을 느낄 때가 있다. 정직하게 소통할 수 있게 해준다. 모르면 모르는 대로, 알면 아는 대로. 내가 하는 고민, 그들이 던진 고민을 그저 있는 그대로 서로 받아안고 나눌 수 있게 된다. 우린 서로 믿고 있다. 배치에서 이끄는 자리가 명확하지만 나 역시 그들의 소리를 통해 성숙해 간다. 아주 좋은 배치다. 고맙다."

"배움의 장에 있으면서 배움은 어떤 뜻을 함께 살아가자고 마음 모으는 일이라는 걸 배웠다. 그렇게 모인 마음이 기운이 되고, 학풍이 되고, 학교 역사가 된다. 하나로 마음 모으기 위해선 일관성이 중요했다. 선생과 부모가 그 뜻을 지켜 살고 있어야 따르는 학생들의 마음도 모인다. 말과 삶이 다르지 않게 살 수 있는 배경에는 마을이 있었다."

_ 부모, 교사, 마을 이모삼촌으로 학생들 만나 가는 이들의 이야기

4. 마을·교육 생태계 일구는 살림길

노자, 묵자, 동학의 가르침은 모두 새로운 세상-생태계를 지향한다. 새 술은 새 부대에 담으라고 했듯이, 노자의 소국과민, 묵자의 안생생사회, 동학의 개벽세상은 모두 새로운 대안세상을 전제한다. 모든 운동이 스스로 지향하는 이상향을 설정할 순 있지만, 그 이상향을 구현하는 토대를 만들고 조직화하며 지속할 수 있느냐는 완전히 다른 문제이다. 경전의 가르침을 관념으로만 받아들이지 않으려면, 이들이 제시한 사회적 실천전략과 그 실천에 주목할 수 있어야 한다.

노자의 소국과민은 인위와 강제, 이기심을 부추기는 국가체제를 넘어서는 새로운 세계관을 제시한다. "나라를 작게 하고, 백성을 적게 하라"는 실천전략은 단순 소박 자족하는 삶을 일구는 작은 나라들의 새로운 사회 생태적 관계망을 뜻한다. 이는 하나의 살림터가 그 생명 됨을 건강하게 지켜 나갈 수 있는 구체적인 방안으로서 제시되었으며, 이러한 작은 살림터들의 자율적 연대를 곧 참된 의미의 나라로 보았다. 소국과민

의 실천은 배움터에도 뜻있게 적용된다. 생명을 만나는 장인 학교의 규모가 크면 참되게 관계 맺고 교감하기 어렵기 때문이다. 이는 작은 배움터들의 연결-살림교육생태계를 생기 있게 하는 중요한 토대가 된다.

'안락한 살림살이'를 뜻하는 묵자의 안생생사회는 폭력과 죽임 문명이 작동하는 국가체제에 대한 새로운 성찰 속에서 제시된 사회였다. '천하에 남이란 없다'는 뜻을 토대로 뭇 생명이 평화롭고 안전하게 살아가는 안생생 대동사회를 꿈꾸었으며, 묵가들은 한몸된 관계를 통해 차별 없는 사랑, 절도 있는 생활, 생명평화 일구는 삶을 구체화했다. 둘레 생명과의 관계 속에서 스스로를 알맞게 닦아 세우는 배움길 속에 하늘 땅 온생명 어우러지는 슬기를 깨우치는 계기로서 제시된 소중한 생태계 모습이다.

동학의 후천개벽은 낡은 선천의 세상이 지나가고 밝고 평등하고 살기 좋은 새로운 세상이 온다는 의미를 담고 있다. 마음을 지켜 기운을 바르게 하는 수행(수심정기) 속에서 당면한 사회적 실천을 어깨 걸고 함께 일구었다. 이는 문명의 전환을 이루는 힘, 구시대의 가치를 전복하는 새 가치, 이를 구현하는 새로운 살림살이, 생활문화 양식이었다. 개벽은 '관계의 질적 전환'을 의미했고, 함께 공부하고 삶을 나누고 더불어 상향하는 삶 속에 이미 꿈틀대고 있는 새로운 관계망이었다.

이들은 삶과 통전된 가르침(교육)을 토대로 같은 얼과 뜻을 공유하며 새로운 삶터(마을)를 조직하는 구체적인 대안세상(생태계)의 모습을 제시했다. 대안은 지구적으로 생각하면서도 실천은 지금 발 딛고 있는 현실에서부터 한 발 한 발 시작한 것이다. 밝은누리는 앞선 운동들의 뜻과 전략에 공감하면서 이를 새롭게 잇는 실천으로 다양한 시도를 구체화하고 있다. 다음에서는 밝은누리 교육운동이 살림생태계 일구는 길에 뜻 모아 가는 실천들을 살펴보고자 한다.

❶ 더 작게, 더 깊이 교감하는 살림터

생명은 규모가 커지면 안정적으로 지낼 수는 있지만, 서로 깊이 만나고 소통하며 자기 주체성을 고양시켜 나가기 어렵다. 몸을 이루는 세포들은 크기가 어느 정도 커지면 분열하여 작은 세포들을 만든다. 세포가 에너지(살기 위해서는 필요하다)를 내기 위해서는 양분을 계속 공급받아야 하는데, 세포 크기가 커지면 양분 흡수율이 떨어진다. 세포가 분열 없이 크기를 계속 키우면 겉면적이 넓어져 많은 양분을 흡수할 것 같지만, 실은 그렇지 않다. 세포 겉의 표면적보다 세포 안쪽 부피가 훨씬 커지게 되어 부피 대비 표면적의 비가 줄어들어 양분 흡수에 불리해진다. 세포가 몸을 거대하게 키우지 않고 필요에 맞게 분열하는 까닭이자 지혜이다.[8]

생명과 생명이 만나는 장(場)인 마을과 배움터도 마찬가지이다. 마을이나 배움터를 행정구역이 아닌 생명으로 이해한다면, 크기가 커짐에 따라 분화하고 분립하며 작은 살림터를 이루는 흐름은 자연스러운 생명현상이 된다. 밝은누리는 학교 규모가 커지지 않도록 때에 맞게 분화 분립하는 흐름을 만든다. 학교 규모가 커지면 서로 깊이 교감하는 문화를 만들기 어렵다. 학생들끼리의 관계도 그렇지만, 학생 수가 많아지면 교사도 학생들을 잘 만나기 어려워진다. 어느 순간 학생들을 생명이 아닌, 통제와 관리의 대상으로 바라보게 되기 쉽다. 살림터를 작게 하는 실천은 교

---

8 공동체지도력훈련원 고운이들 인수마을 교육 2모둠, 〈빛알찬중학교 분립개척으로 본 밝은누리 생명평화 운동: 교육〉(2022)

육의 획일화를 탈피하고 자기 주체성을 고양하는 데도 유리하다. 다양한 배움터들이 같은 뜻과 얼로 이어지면서도 저마다 살림터에서 깊이 뿌리내려 주체성을 꽃피울 때 살림교육생태계는 더 다채롭고 건강할 수 있다.

> "마을에 학교가 태어나고 자라나는 과정에서 함께 뜻을 세워가는 사람들이 정말 중요하단 걸 느꼈다. 학교의 변화만큼 나의 변화도 많았는데 이렇게 생각하니 이 학교의 역사가 곧 나의 역사구나 생각했다. 그러니 지금의 삶을 정성껏 지어 가며 앞으로 함께 써내려 갈 역사를 잇고 짓는 한 사람이 되고 싶다. 그 길 함께 걸어가며 힘들 때 기댈 수 있는 동무들이 있다는 사실이 참 고맙다."
>
> "학교가 분립하면서 마을 아이들과 어떤 수업을 할 수 있을지 고민하는 이모삼촌들이 생기고, 공간과 시간과 마음 내어 주는 품을 서로 경험하면서, 생명이 움트고 사랑이 싹트는 것을 느꼈다. 배움길로 걸음하는 자기 이유를 찾아가고 그 뜻을 밝히는 아이를 만나면서, 자기 뜻으로 가져가는 힘 또한 마을이 있기에 가능했구나 고백하게 된다."
>
> _ 중등 배움터 분립개척을 함께 겪은 푸른이와 부모의 나눔

❷ 살림터와 살림터 잇기

배움터는 규모를 작게 하는 일을 넘어, 다른 작은 살림터의 생명들과 교감하는 기쁨을 더 크고 넓게 누린다. 가까이 벗한 마을 학교들 간에는 서로 자주 왕래하며, 함께하는 수업을 만들어 일주일에 몇 차례 공부하고 노는 시간을 마련하기도 한다. 풋살 선생님이 없는 마을학교는 옆 마

을 풋살 선생님에게 배우며 더 많은 동무들과 운동장에서 뛰놀고, 풍물 선생님이 없는 마을학교는 다시 그 옆 마을학교로 가서 동무들과 즐겁게 풍물을 배운다. 옆 마을에도 우리와 같은 학교가 있다는 동질감과 든든함으로 풍성한 사귐과 배움을 누린다.

거리가 먼 배움터들 경우에도 운동회나 들살이(수학여행)로 때마다 만나며 사귐을 나눈다. '생동하는 중등 배움터'라는 이름으로 연결되어 있는 다양한 마을 배움터들은 봄이나 가을에 연합운동회를 꾸리거나 어느 때는 특정 마을에 모여 다 같이 들살이를 하기도 한다. 낯선 관광지가 아니라, 마음 통하는 동무와 선생님들이 있는 배움터들이 마을 곳곳마다 있는 셈이다. 일상적으로 편지와 노래 같은 선물을 나누기도 하는데, 학생들이 저마다 직접 만든 노래를 음원에 담아 선물하거나 동무들 떠올리며 손수 만든 선물을 상자에 가득 담아 보낸다. 선물이 도착하는 날엔 다 같이 둘러앉아 풀어 보고, 우리는 또 무얼 보낼까 머리 맞대고 궁리하는 풍경이 펼쳐진다.

"생동하는 중등 배움터 푸른 한마당은 선물이었다. 서로의 만남 그 자체가 선물이었고, 길벗 친구들에게 아주 큰 힘과 선물을 받았다고 느낀다. 함께 어울릴 수 있어 행복하고 고마운 시간이었다. 주고받은 생기 꼭 품고 일상에서도 알차고 신명나게 보내야겠다."

"운동회 하며 가장 기운 받았던 때는 마지막에 인사할 때였다. 서로에게 선물 나누고(정성 담긴 귀한 선물이었고 그 안에 든 마음들이 가장 고마웠다), 노래도 부르고, 악수하고, 안아주고, 인사하며 큰 힘 받았다. 각자의 자리에서 마음으로 함께

한다는 것이 든든하고 따뜻했다."
"함께 있는 동무들 보며 동지애를 많이 느꼈던 것 같다. 이야기 나누면서도 비록 멀리 떨어져 있는 사이지만 마치 오랜 동무를 만나는 것 같았다. 신기했다. 이것이 길벗의 힘이구나!"
_ '생동하는 중등 배움터' 만남 후 푸른이들 날적이

삼일학림에는 독립학습 기간이 있다. 삼일학림에서 공부한 후 일정 시간 동안 그 배움을 객관화하고 자기 역량을 심화해 가는 시간이다. 독립학습을 맞은 학생들은 저마다 자기 이유를 품고 독립학습을 보내는데, 익숙한 환경을 벗어나 새로운 삶터에서 지내 보는 푸른이들도 있다. 원래 살던 곳에서 한참이나 먼 마을에서 생활하는 푸른이들도 있는데, 그들 스스로 고백하듯 긴장이나 불편이 아닌 편안함과 생기 있는 일상을 지어 간다. 거리는 멀지만 같은 뜻 품은 마을 이모삼촌, 언니오빠, 배움터 동생들의 사랑을 듬뿍 받으며 즐겁게 지내고 있기 때문이다.

이렇듯 밝은누리는 한뜻 품은 마을-배움터들과의 만남과 연대를 소중히 여기면서, 기회 될 때마다 만나 가고 함께 공부하거나 잔치 벌이는 자리 꾸려 정성껏 관계 맺으려 한다. 그 여정에 함께하면서 마을 하나로 대안을 사는 게 아니라, 이 땅 곳곳에서 한뜻으로 같이 대안을 살아가는 벗들이 많음을 느끼고 용기를 얻는다.

살림생태계는 하나의 생명이 살아가기 위해 필요한 관계망을 뜻한다. 씨앗이 땅에 뿌리내리고 싹을 틔우려면 해, 물, 바람, 흙, 벌레 여러 생명과 잘 어우러져야 한다. 이 연결된 관계는 생명을 낳고 생명이 자라기 좋은 환경을 만든다. 대안을 만들려는 배움터도 그 학교 하나만으로는 새로운 세상을 만들 수 없다. 여러 마을과 마을에 토대한 배움터들이 있어야 한다. 하나의 학교가 잘 살아가려면 같은 뜻을 지닌 삶터들과 하나가 되어야 한다. 그러한 학교와 마을들이 이어져 하나의 생태계를 이루는 것이다.

> "마을의 품속에서 자라나고 살아가고 있어, 독립학습이나 졸업 이후를 떠올려 봐도 마을을 떠올리게 되고 이미 살아가고 있는 선배들, 이모삼촌들을 보고 배우며 자연스레 생명(사람, 마을, 생태계)을 떠올리게 된다. 그렇게 꿈꾸고 살아갈 수 있는 이 삶이 참 축복이구나 느껴졌다."
>
> "작년 초, 삼일학림에서 공부하는 푸른이 둘이 독립학습을 하러 우리 마을로 왔다. 집안 맏아들처럼 첫정이 무섭다고 우리는 모두 두 푸른이를 보며 고마우면서도 어떻게 해줘야 하지, 어떻게 표현하지, 우리가 실수하진 않을까 노심초사했다. 마을에 보물처럼 온 첫아이, 첫정이다. 그리고 올해 신기한 일이 또 일어났다. 우주에서 자꾸 우리 마을에 때에 맞는 푸른이들을 보내 주신다. 첫정의 뻐근한 사랑과 또 다른 이유 없이 내리사랑 하게 만드는 푸른이들이 우리 마을로 왔다. 봄날 햇살처럼 배시시 웃게 만드는 푸른이들 모습에 마을은 또다시 활기가 난다."
>
> _독립학습 중인 푸른이와 푸른이를 맞이한 마을이모의 나눔

❸ 살림생태계 일구는 살림꾼들의 연대

밝은누리는 생명살림 일구는 이들의 연대체인 살림학연구소 길벗으로 함께하며 뜻 모은다. 살림학연구소는 생명살림과 평화 일구는 삶을 서로 잇고 돕고 어우러지도록 하여, 살림길 평화살이를 실천하고 재생산

하는 지속가능한 생태계를 일구는 운동이다. 살림학연구소에서는 연구원을 '살림꾼'이라 부르는데, 그 표현대로 '생명살림하는 삶'에 뿌리를 두는 이들이 연구원이 된다.

생명살림하는 삶이란 집안살림(육아, 돌봄), 논밭뫼살림(하늘땅살이), 밥상살림, 다양한 돌봄과 노동을 통한 생명살림, 교육현장에서 생명살림하는 삶을 아우른다. 이때 교육의 의미는 지식상품을 팔고 유통하는 지식이 아니라 '서로 살리는 삶으로 스승제자 되는 삶'을 일컫는다. 경쟁과 폭력, 죽임의 문명이 아닌 살림교육의 본뜻을 회복하고 함께 살림문명 일구고자 하는 배움벗들이 함께하고 있으며, 그 뜻이 다음 세대에도 이어지기를 바라며 지금의 삶에서 힘껏 살림길 일군다.

살림길에서 만난 여러 국내외 길벗들과 삶에 연관된 다양한 주제로 연구하며, 함께 신명 나누는 잔치 같은 일상을 만든다. 서로를 추동하며 생기 일으키는 가운데 살림생태계는 깊어지고 넓어진다.

> "살림학연구소 잔치마당 자체가 알록달록 피어난 꽃밭이고 숲이었다. 마주치는 모든 얼굴들이, 몸짓들이 저마다 자기 색들로 빛나는 생기로운 꽃들이고 나비들이고 나무들이었다. 여기 모인 이들처럼, 번화가 도시의 거리나 지하철 안에서 만나는 얼굴들도 모두 당당히 꽃으로 피어나는 세상이 되었으면 하는 간절함이 그득하다."
>
> _ 살림학연구소 잔치에 함께한 길벗의 나눔

5. 살림교육 새 갈피에 서서

살림교육은 책상머리에서만 이루어지는 교육이 아니다. 생명살림과 평화 짓는 삶을 익히는 교육으로, 배우고 가르치는 교육현장에서는 물론, 삶 전반에서 이루어지는 배움과 서로 비추는 관계를 바탕으로 배움의 모든 주체들이 전인격적인 성숙을 함께 이룬다. 깊은 사귐으로 스스로 몰랐던 나를 발견하고, 함께하는 벗들, 다른 생명들과 더불어 사는 삶을 온몸으로 익혀 간다. 삶터에서 일어나는 모든 과정이 살림교육인 것이다.

노자, 묵자, 동학에 깃든 삶과 가르침은 더불어 사는 이들이라면 감각할 수 있는 소중한 힘이 깃들어 있다. 함께하는 삶이 있어야 보이는 그들의 슬기는 지금 여기의 삶과 아주 가까이에 연결되어 있다. 줏대와 신의를 지키는 삶, 서로를 물들이며 생명살림의 가치를 회복하는 삶, 더불어 사는 삶의 든든함과 기쁨이 오늘 이곳에서 살아 꿈틀거린다.

살림교육의 새 갈피에 서서 배움길과 살림길이 하나로 이어지는 살림교육생태계 이루는 꿈을 함께 꾼다. 생태계는 시간과 공간을 넘나들며 확장된다. 시간이라는 맥락에서 노자와 묵자, 동학의 가르침을 살았던 사람들, 만주 벌판에서 마을을 토대로 배움길 꽃피웠던 수많은 선조들의 걸음을 기억한다. 세상의 힘이 짜놓은 곧은 길에서 벗어나 새로운 걸음 내야 하는 과정이었기에 고달픔이 없었을 리 없겠지만, 어깨 걸고 한 걸음 한 걸음 떼었기에 '자생력'에 밑바탕한 '새 삶'을 지어 갈 수 있었다. 그리고 그 얼과 뜻을 계승해 과거와는 또 다른 새로운 삶을 창조해 가는 많은 길벗들이 있다. 사는 곳도, 언어와 문화도 다른 이들이지만, 마치 오래 만나 온 벗들처럼 하나로 이어진다.

모든 생명은 때가 되면 어떤 뜻과 슬기를 잇고 살아갈지 스스로 선택할 때가 온다. 조금 고달프더라도 많은 우리가 함께 어깨 걸고 새 길에 나서길 바란다. 그래서 경쟁이 아닌 서로 살리는 삶의 아름다움을 익히며 나누는 살림교육생태계가 더 넓어지길 바란다. 그렇지만 혹 당장 원하는 모습을 보지 못하더라도 상관은 없겠다. 이미 시작되었고 또다시 계승되며 새로워질 세대가 눈앞에 보이는 듯하기 때문이다. 새 날을 살아가는 이들과 이미 다가온 봄을 기쁜 마음으로 맞이하며 글을 맺는다.

> "생태계의 주인은 그곳에서 '살아갈 이들'이다. 세대를 막론하고 생태계란 모든 생명의 터이니 모두에게 주어진 과제이나, 그 적극성이 앞선 세대에 치중될 때 그 생태계는 건강할 수 없다. 생태계의 가장 중요한 원리는 지속가능성에 있기 때문이다. 장차 살아'갈' 이들이 더불어 그 생태계의 주인이 되는 것이 그 지속가능성을 담보하는 가장 중요한 고리이다."[9]

---

9 한백, 〈푸른숲〉〈얼라〉 살림학 연구 소개: 〈새날을 사는 사람들〉(2023)

7장

생명평화, 지금 여기에서
나의 살림에서 시작되는 한반도·세계 평화

1. 평화는 멀리 있지 않다

평화는 누구나 바라는 것이다. 하지만 우리는 종종 평화를 거창하고 멀리 있는 것으로 여긴다. 특히 휴전 상태가 70년 넘게 이어지는 한반도에서 평화는 쉽게 외교나 군사력 같은 국가 차원의 문제로만 인식된다. 더 강한 무기, 더 촘촘한 동맹이 평화를 보장해 줄 것처럼 말한다. 그러나 평화를 위해 더 강력한 폭력의 도구가 필요하다는 논리는 끝없는 군비경쟁을 상수로 만들고, '국가 안보'라는 틀 안에서 백성의 삶은 주변으로 밀려나며 평화는 삶과 동떨어진 구호가 되곤 한다. 무엇보다 일상에 뿌리내린 구조적 폭력—특히 가부장적 위계—를 보지 못하게 만든다.

가부장제는 위계적 지배구조의 원형으로서 평화를 가로막는 핵심 장애물이다. 한국 사회에서 전통적으로 아버지는 '가장'이라는 이름으로 집안의 권위를 독점했고, 어머니는 가족의 삶을 지탱하는 모든 살림을 감당했으면서도 그 노고는 종종 경시되었다. 가정을 살리고 키워 낸 어머니의 힘은 인정받지 못했다. 이러한 구조는 단지 유교 문화권만의 이야기가 아니다. 동서고금을 막론하고 남성 우월주의는 종교와 언어, 제도를 통해 사회 전반에 뿌리내렸다. 남성이 주체가 되고 여성이 객체로 위치 지어지는 이 구조는 직접적인 폭력뿐 아니라, 보다 은밀한 문화적·구조적 폭력을 낳았다. 이런 폭력은 가족 안의 문제를 넘어 사회 전체의 갈등과 억압을 지속시키는 근원이 되어 왔다.[1]

평화란 단지 전쟁이 없는 상태가 아니라, 억압이 없는 삶의 방식이다. 한 생명이 자신을 온전히 표현하면서도, 그 존재가 다른 생명을 억누르지 않고 서로를 자극하여 생명에 대한 감수성을 이끌어 내는 상태를 말한다. 그래서 '생명평화'라고 부른다. 억눌린 존재, 즉 고통받거나 소외된 생명의 존재를 민감하게 알아차리는 감수성, 모든 생명이 필연적으로 연결되어 있음을 깨닫고 관계 속에서 서로를 이롭게 하려는 마음, 그리고 하늘을 모시고 우주의 이치와 조화를 존중하며 살아가는 살림의 실천이 곧 생명평화의 시작이다.[2]

생명평화는 일상에서 아이를 키우고, 밭 생명을 키우며, 살림터를 일구고, 관계를 회복하는 실천에서 이루어진다. 밝은누리의 35년 경험은 이것이 단순한 이상을 넘어 실행 가능한 길임을 보여 준다. 밝은누리는 서로를 비춰 주는 관계 속에서 가부장제라는 문제를 마주하게 되었고, 이를 극복하기 위한 실천을 지속해 왔다. 생명 살림터 마을 일구기, 농도상생, 비무장 영세중립—이러한 실천들은 한몸살이 관계 안에서 서로를 성찰하는 가운데 생겨나며, 이를 통해 일상의 변화가 구조적 전환으로, 더 나아가 한반도의 평화 상상으로 확장될 수 있음을 확인해 왔다. 평화

---

1   요한 갈퉁,《평화적 수단에 의한 평화》(들녘, 2000)
2   "살림은 생명살림, 살림살이다. 살림, 사람, 삶은 모두 생명살림, 살림살이라는 뜻을 담은 말이다. '살림'은 생명을 살리는 실천(살림살이)을 말하고, 살리는 실천을 하는 주체를 '사람'이라 한다. 사람이 생명을 살리며 사는 것, 살림살이를 '삶'이라 한다. 생명은 늘 다른 생명의 살림살이 덕에 산다. 동시에 다른 생명을 살리며 산다."
   _철호,《살림학 얼과 길》(밝은봄, 2024), 13~14쪽

는 무기를 더하는 기술이 아니라 살림을 더하는 기술이다. 일상의 살림이 바뀔 때 구조가 바뀌고, 구조가 바뀔 때 한반도의 평화도 현실이 된다.

이 길을 비추는 사유의 틀이 있다. 노자는 억지로 지배하지 않는 무위·부쟁의 길을, 묵자는 전쟁을 단호히 거부하는 비공과 차별 없는 겸애를, 동학은 하늘·사람·만물을 함께 공경하는 시천주·인내천·삼경을 가르쳤다. 한몸살이는 이들의 사상이 철학적 영감으로 머무르지 않고 개인의 실천적 한계를 뛰어넘을 수 있음을 일상의 사례를 통해서 보여 주고 있다. 밝은누리에서는 함께 공부하고 서로를 비추는 관계 속에서 실천을 경험하고, 이로 인해 이상에 대한 꿈과 일상의 실천이 갈마드는 삶을 이어 간다. 묵자가 "물이나 거울이 아니라 사람에게 비추라"(《묵자》 비공 중)고 한 말은 바로 이런 관계를 의미했을 것이다. 안으로만 향해 있는 자기 성찰을 넘어 관계 속에서 이루어지는 열린 성찰, 그것이 평화로 이어진다.

이 글의 전개는 다음과 같다. 2장에서는 평화를 가로막는 뿌리로서 가부장제를 짚고, 3장에서는 단절과 외로움의 시대에 마을을 평화의 구조적 터전으로 제시하고, 4장은 농도상생 마을공동체를 한반도 평화의 토대로 논증한다. 5장은 비무장 영세중립을 외교술이 아닌 삶의 방식으로 검토하며 국내외 사례를 연결하고, 6장에서 생명평화가 개인–공동체–한반도–세계로 확장되는 경로를 정리한다.

평화는 멀리 있지 않다. 지금 여기, 우리의 밥상과 텃밭, 돌봄과 관계에서 시작된다.

2. 가부장제: 평화를 가로막는 뿌리

가부장제는 단순히 남녀 간의 불평등으로 그치지 않고 모든 위계적 지배구조의 원형이 된다. 가정에서의 억압구조는 사회와 국가, 국제관계의 폭력적 질서로 확대 재생산되며, 이것이 한반도 평화를 가로막는 근본 장애물이 된다.

❶ 가부장제의 일상적 작동

살림은 누군가를 '도와주는' 부수 업무가 아니라, 누구나 자기 삶을 책임지기 위해 반드시 수행해야 하는 가장 기본적 활동이다. 그럼에도 산업화와 가부장 문화 속에서 살림은 특정 성별의 '당연한 의무'로 전가되어 왔다. 이 전가의 결과로 나타나는 대표적 증상이 살림에 서툰 태도다. 스스로 먹고 입고 자는 데 필요한 일을 하지 않으면서도 부끄러워하지 않고, 살림을 어머니·아내 등 '누군가(주로 여성)가 제공해야 할 서비스'로 여긴다. 흔히 쓰이는 "남편이 살림을 도와준다"는 표현이 보여 주듯, 자신의 기본 책무를 타인의 몫으로 오인하는 언어와 인식이 굳어져 있는 것이다. 살림은 '도와주는' 일이 아니라 '사는' 일이다.

육아에서도 같은 왜곡이 반복된다. 임신·출산을 직접 경험하지 못하는 아버지가 초기에 돌봄과 집안살림에 충분히 참여하지 않으면, 아이와의 정서적 교감 능력을 키울 기회를 놓치기 쉽다. 돌봄을 '엄마의 몫'으로 구획하는 순간, 아이의 초년 시절부터 아버지와의 깊은 관계 맺음이 비어 버린다. 자기가 낳은 생명과의 교감을 책임 있게 수행하지 않으면서 사회의 평화를 논하는 것은 설득력을 얻기 어렵다.

이처럼 살림을 타인의 몫으로 떠미는 태도는 가까운 관계에서 책임

회피로 드러나고, 일상의 균열을 낳아 결국 평화를 해친다. 구체적 장면으로 보면, 아이가 울거나 밥상을 차려야 하는 순간에 방관하거나, 대화 대신 지시와 통제로 상황을 '억누르는' 방식이 반복된다. 평화적 관계의 관점에서 중요한 것은 권력을 행사하기보다 그 순간에 상호소통이 이루어지고 공동의 책임이 실천되느냐이다.[3]

❷ 위계가 만드는 차별적 사랑: 별애(別愛)

가부장제는 필연적으로 차별적 사랑, 즉 묵자가 비판한 별애를 낳는다. 별애는 '우리'와 '남'을 구분하고, '우리'에게만 특별한 사랑과 혜택을 베푸는 것이다. 이는 가족 안에서도 서열과 성별에 따라 차등적으로 작동한다. 장남과 차남, 아들과 딸, 며느리와 딸에 대한 차별적 대우. 이러한 차별은 '전통', '문화', '인지상정'이라는 이름으로 정당화된다. 그러나 묵자는 이미 2,500년 전에 이러한 별애가 사회적 혼란과 전쟁의 근본 원인임을 통찰했다.

> "천하의 혼란이 어디서 생기는가? 서로 사랑하지 않음에서 생긴다. 자기만 사랑하고 남을 사랑하지 않으며, 자기 가족만 사랑하고 남의 가족을 사랑하지 않으며, 자기 나라만 사랑하고 남의 나라를 사랑하지 않는다." _《묵자》겸애

묵자가 말한 이 구조는 가부장제의 확장 논리와 맞닿아 있다. 가부장제는 가족 내부에서 위계를 만든다. 가정 안에서 아버지-어머니, 장

---

3   철호, 삼일학림 '동북아철학' 강의(2024. 9. 14.)

남-차남, 아들-딸로 이어지는 서열은 표면적으로는 역할을 분담하지만, 그 이면에는 가치의 차등을 내포하고 재생산한다. 누가 더 중요하고, 누구의 의견이 더 우선되며, 누구의 희생이 당연한가를 정하는 구조다.

이렇게 가족 내부에서 학습된 위계적 논리는 가족 밖으로 나가면 '우리 가족'이 '남의 가족'보다 중요하다는 가족이기주의로 이어진다. 이 논리는 다시 '우리 집단(학연, 지연, 혈연)'이 '다른 집단'보다 우선한다는 집단이기주의로, 결국 '우리나라'가 '남의 나라'보다 중요하다는 국가주의로 확장된다.

묵자가 통찰한 것은 바로 이 연쇄의 뿌리가 '차별적 사랑'에 있다는 점이다. 가까운 사람을 더 사랑하는 것 자체가 문제는 아니다. 그러나 그 사랑이 위계와 결합하여 '우리'와 '남'을 나누고, '남'을 배제하거나 착취해도 된다는 논리로 변질될 때, 개인 간 갈등은 가족 간 다툼으로, 집단 간 혐오로, 국가 간 전쟁으로 확대된다.

❸ 동학과 묵자: 위계를 넘는 평등 사상

° 동학의 시천주와 인내천

동학은 가부장제적 위계를 근본적으로 부정한다. 시천주(侍天主), 모든 사람이 하늘을 모시고 있다는 이 사상은 신분, 성별, 나이를 떠나 모든 인간의 존엄성을 선포한다. 이를 바탕으로 한 인내천(人乃天), 사람이 곧 하늘이라는 사상은 어떤 위계도 정당화할 수 없게 만든다. 당시 양반 사대부의 탐욕 속에서 가난한 이들이 더 가난해지고, 여성과 어린이, 종과 노예가 천대받던 사회에서 해월 최시형은 시대를 앞선 파격적인 평등과 생명 존중을 실천했다. 그는 인간 이하의 대접을 받던 여성을 '하나님'이라 높였고, "길가에서 어린이를 때리는 것은 하늘의 뜻을 상하게 하는 것이며, 곧 하늘을 때리는 것이다"라 하며 어린이 사랑을 역설했다. "내 자식과 며느리를 극진히 사랑하라. 하인을 내 자식과 같이 여기라. 육축(六畜)이라도 다 아끼라. 나무라도 생순을 꺾지 말라"는 〈내수도문〉의 가르침은 가정과 사회, 나아가 인간과 자연 모두가 평등하게 존중받아야 함을 분명히 했다.

° 묵자의 겸애: 차별 없는 사랑

묵자는 별애를 극복하는 대안으로 겸애(兼愛)를 제시한다. '천하에 남이 없다(天下無人)'는 깨달음에서 출발하여, 나와 남, 내 가족과 남의 가족, 내 나라와 남의 나라를 차별하지 않고 사랑하는 것이다. 묵자에게 겸애는 추상적 이념으로 머물지 않았다. 묵자와 그의 제자들은 실제로 신분과 출신을 따지지 않고 함께 살며 밥상을 나누고, 손수 기계를 만들고 성벽을 쌓으며 노동했다. 약소국이 침략당할 위기에 처하면 전쟁을 막기 위해 목숨을 걸고 방어를 도왔다. 초나라가 송나라를 침공하려 할 때, 묵자는 열흘을 걸어 초나라 왕을 찾아가 전쟁을 막아 냈고, 제자들은 성을 지키다 죽음을 맞이하기도 했다. 이들에게 겸애는 땀과 피로 증명하는 삶의 실천이었다.

❹ 가부장제에서 국가주의까지: 폭력의 확장, 가족 내 위계에서 사회적 위계로

가부장제는 가족 내부에서 출발해 사회 전반의 권력 불균형을 학습·재생산하는 폭력의 원형을 제공한다. 이런 억압적 구조는 가정에 머물지 않고 조직, 지역, 국가, 국제 질서로까지 확장된다.

　이 확장 과정은 여러 층위에서 동일한 패턴으로 반복된다. 미시적 차원에서는 살림노동의 비가시화와 평가절하, 돌봄 책임의 일방적 전가, 성과·효율 중심의 경쟁이 관계와 과정을 밀어내는 현상으로 나타난다. 이 패턴이 거시로 확대되면 더 뚜렷해진다. 농촌은 농사를 통해 도시를 먹여 살리지만, 근대화 과정에서 그 관계는 상호의존이 아니라 도시 소비 중심의 위계로 고착되었다.

　국제 영역에서도 유사한 구조가 반복된다. 오늘의 '안정'은 종종 권력의 비대칭을 전제로 유지된다. 강대국은 자국의 경제·안보를 위해 약소국의 자원을 장기적으로 확보하고, 군사기지나 공급망[4]을 통해 영향력을 지속한다. 약소국은 명목상 동맹이나 협력의 틀 안에 있지만, 실제로는 강대국의 전략과 필요에 종속되기 쉽다. 이런 불균형 속에서 유지되는 '평화'는 겉으론 안정처럼 보이나, 이면에는 갈등과 긴장이 누적된다.

　전통적으로 군사부일체(君師父一體)라는 관념은 임금·스승·아버지를 한몸처럼 상정하여, 가정 내 아버지의 권위를 그대로 국가 통치 구조로 투사했다. 집안의 '가장'이 자연스럽게 나라의 '군주'로 연결되는 이 논리

4　공급망은 원자재 → 부품 → 최종 조립 → 운송·유통으로 이어지는 국제 생산·물류 네트워크를 뜻한다. 강대국은 이 사슬의 핵심 거점(원자재 산지, 항만·해협, 반도체 설계·장비, 결제·데이터 인프라 등)을 통제해 의존도를 만들고 영향력을 행사한다. 예: 미국의 반도체 수출통제와 표준 관리, 호르무즈·말라카 같은 해상 요충지를 통한 에너지 수송 통제, 희토류·핵심광물 정제 능력의 집중을 지렛대로 삼는 방식. 최근에는 트럼프 행정부가 제조업 일자리 회복과 사상 최대 무역적자(2024년 9,184억 달러) 해소를 명분으로, 중국과의 패권 경쟁 속에서 공급망 재편을 강제하고 있다. 관세를 협상 카드로 활용하며 외국 기업들에게 미국 내 생산이나 투자를 조건으로 관세 감면을 제시하고, 이를 거부할 경우 고율 관세로 압박하는 방식이다. 따라서 공급망은 단순 물류가 아니라 힘의 비대칭을 재생산하고 강대국이 자국의 경제적 우위를 유지하기 위해 활용하는 구조적 수단을 의미한다.

는 가부장적 지배를 정치적 지배로 확장하는 사상적 기반이 되었다.

더욱 교묘한 것은, 이런 위계가 '보호'와 '안정'의 이름으로 포장된다는 점이다. 가부장은 가족을 '보호한다'는 명분으로 통제를 정당화하고, 강대국은 약소국의 '안보를 보장한다'며 종속을 요구한다. 농촌은 '보호받아야 할 대상'으로 규정되어 도시의 시혜를 받는 위치에 놓인다. 이 모든 '보호'의 논리 속에서 피보호자의 주체성과 자율성이 부정되고, 의존과 종속의 관계가 고착화된다.

결국 가부장제는 '남성이 여성을 지배한다'는 도식을 넘어, 세상을 통제하고 위계화하려는 태도가 제도와 문화에 뿌리내린 형태이다. 이는 가정에서 학습되어 사회로 확산되고, 제도와 정책으로 구조화되며, 국제질서로까지 재생산된다. 일상의 미시권력이 거시권력으로 확대되고, 그것이 다시 일상을 규정하는 이 순환의 고리를 끊지 않고서는, 진정한 평화는 불가능하다. 가부장제 극복은 단지 성평등의 과제가 아니라, 모든 층위의 폭력적 위계를 해체하는 평화의 첫걸음인 것이다.

❺ 밝은누리의 발견과 성찰

이처럼 가부장제는 개인의 일상에서 국가 간 관계까지 확장되는 구조적 폭력의 원형이다. 그렇다면 이 구조를 어떻게 극복할 수 있을까? 밝은누리는 35년간 일상의 살림 속에서 그 답을 찾아왔다. 밝은누리에서 얻은 중요한 통찰은 가부장성이 성별을 초월한 문제, 곧 각자에게 내면화된 지배와 효율을 선호하는 습관이라는 점이다. 많은 구성원들이 처음에는 성별에 따른 피해의식에 머물지만, 함께 살고 배우는 과정에서 누구에게나 정도의 차이는 있어도 통제 욕망과 위계에 기대는 태도가 스며 있음을 마주한다. 삼일학림의 한 학생은 이렇게 밝혔다.

> "살림이란 단어를 떠올리면 어머니, 주부가 생각나며 사회적으로 업신여기는 태도가 내 안에도 들어와 있었다. 그런 상에 가려져 살림의 본질을 놓치고 있었는데 살림을 '살이'와 연결 지어 삶의 모든 영역에서 생명을 만나 가고 살리는 모든 순간을 담고 있다는 점에서 눈이 번쩍 떠졌다."

이러한 자각은 특정 성별에 국한되지 않는다. 여성을 포함한 많은 이들이 자기 삶을 성찰하는 과정에서, 권력과 통제에 대한 욕망이 성별과 무관하게 자리하고 있음을 발견한다. 가부장성은 효율과 성과를 앞세워 경쟁을 부추기고, '양적으로 드러나는 권위'를 중시하며, 부드럽고 수용적인 힘보다 강하고 지배적인 힘을 우위에 두는 사고방식으로도 나타난다. 생명의 다양성과 조화보다 효율과 성과를 우선하고, 음적(陰的)인 성질을 얕보거나 무시한 채 양적(陽的) 에너지를 과도하게 추구하는 습관은 곧 가부장적 문화의 내면화된 모습이다.

이에 밝은누리는 '성평등'이라는 표어를 넘어 자신의 생명성과 서로의 생명성을 존중하는 관계를 만들어 간다. 가부장제가 양적 에너지(힘, 지배, 확장)만을 우위에 두었다면, 진정한 평화는 음과 양, 두 힘의 조화에서 비롯된다.[5] 모든 존재는 저마다 음적 혹은 양적 기운을 지니고 있으며, 두 힘이 조화를 이룰 때 비로소 평화가 가능하다.

이 관점에서 보면, 공동체의 시작이나 한 사업의 개척 국면에는 대개 양의 기운이 작용해 방향과 틀이 잡히고 외연이 확장된다. 그러나 그 가치가 생활 속에 온전히 뿌리내리려면, 반드시 자기 성찰과 마음닦기, 피정과 같은 음의 시간이 필요하다. 즉, 양이 길을 열고 음이 뿌리를 내리는 과정이 균형 있게 맞물려야 한다.

여러 해 한몸살이를 해온 이들이 공통으로 고백하는 바도 같다. 좋은 가치일수록 오랜 성찰과 관계 속에서 다져질 때, 평화롭게—그리고 각자의 방식과 때에 맞게—삶 속으로 들어온다는 배움이다. 이러한 과정이 결여되면, 아무리 좋은 가치라도 현실과 괴리되거나 새로운 억압의 틀로 변질될 수 있다.

밝은누리의 실천은 가부장제 극복이 단순히 성별 간 평등을 넘어, 내면화된 지배 습관을 인식하고 음양의 조화를 통해 삶의 구조를 재편하는 과정임을 보여 준다. 이것이 일상에서 시작하여 공동체 평화를 실질로 만드는 핵심 경로가 된다. 그리고 이 구조 재편의 출발점은 바로 '살림'의 재발견에 있다.

❻ 살림의 재발견과 실천

살림은 모든 구성원이 책임지는 생명살림의 모든 활동이다. 한몸살

---

5 "양(陽)은 하늘 작용, 볕, 해(日), 위, 밖, 파동, 발산하는 기운(氣運)을 상징한다. 음(陰)은 땅 작용, 그늘, 달(月), 아래, 안, 입자, 수렴하는 기운을 상징한다. 이처럼 음양(陰陽)은 '서로 대립되는 다른 성격의 힘/내용'을 표현하는 것으로 사용되기도 하지만, 주로 '생성변화를 일으키는 힘(氣)의 관계작용'을 상징하는 표현으로 쓰인다. 이런 맥락에서 음양은 별개의 존재가 아니다. 수렴사건에도 수렴(음)과 발산(양)의 기운이 함께 작용하고, 발산사건에도 음양이 함께 작용한다. (…) 음과 양은 또한 서로 갈마들며 상호전화(相互轉化)하는 특징이 있다. 오름(양)이 다하면 내림(음)이 시작된다. 음이 가득 차면 양이 시작되고, 양이 가득 차면 음이 생긴다. 음기가 극한 동지(冬至)에 양기가 시작되고, 양기가 극한 하지(夏至)에 음기가 자란다. (…) 음양은 늘 함께 작용하고 서로 갈마들며 생성변화한다." _철호, 《살림학 얼과 길》(밝은봄, 2024), 28~29쪽

이는 성별·나이·지위의 구분을 넘어 모두가 살림의 주체가 되는 삶을 지향하며, 과거 특정 집단에 일방 전가되었던 돌봄의 책임을 해원(解冤)하고 각자가 생명을 살리는 존재로 서도록 돕는다.

평소에 '감수성이 높다'고 자임하던 이들도 밥상이나 돌봄처럼 구체적인 자리에서 생각과 습관의 간극을 체감한다. 이때 필요한 것은 옳고 그름을 따지는 논쟁이 아니라, 더 힘들다고 느끼는 사람의 신호에 먼저 귀 기울이는 태도다. '나는 이 정도면 괜찮다'는 개인 기준(수위)을 보편의 잣대로 삼기보다, 서로의 기운과 리듬을 맞추며 학습과 성숙의 계기로 삼아야 한다. 그 저변에는 '살림은 하찮다 또는 누군가의 몫이다'라는 묵은 믿음이 숨어 있을 수 있기에, 이를 인식하고 고쳐 가는 과정 자체가 평화의 훈련이 된다.

오래 살림을 맡아 온 이들 가운데는 그 경험이 억압과 강요로 각인되어 복합 감정을 품은 경우도 있다. 밝은누리는 '여성'이나 '도움'이라는 호칭보다 '살리는 존재'로서의 존엄에 주목하며, 관계 속 재해석과 역할의 재배치를 통해 살림을 함께 배우고 나눈다. 그렇게 책임의 분산과 존중의 회복이 이루어질 때, 가부장적 습관은 약해지고 평화의 일상은 구체화된다.

이러한 원칙은 생명의 가장 극적인 순간에서도 작동한다. 밝은누리에서는 아기가 태어나면 아빠가 산후조리를 책임진다. 살림이 서툴다거나 일터/직장 사정을 핑계 삼고 싶은 마음이 스치기도 하지만, 엄마가 아기를 몸으로 낳고 젖을 먹이는 동안 아빠는 산모와 신생아, 살림을 돌보며 아이의 첫 출발에 주체적으로 임한다. 여기에 마을의 역할도 있다. 마을의 여러 두레들이 순번을 짜 미역국과 반찬을 금줄이 달린 문앞에 놓는 풍경이 대개 백일 남짓 이어진다. 첫째가 있는 집이면 이모·삼촌들이 첫째를 집으로 초대해 동생을 맞이한 변화기의 불안을 덜어 준다. 이렇게 한 아이의 탄생은 아빠의 살림 역량을 부쩍 키우게 되는 계기가 되고, 실제 한 가정의 필요는 온 마을이 함께 풀어 나간다. 이러한 일상적 돌봄 교류의 반복을 통해 별애적 편향이나 습관이 완화되고, 겸애를 지향하는 일상이 구체적으로 펼쳐지게 된다.

이제 질문이 선다. 가족 이기주의와 단절이 일상이 된 시대에, 이런 살림의 틀을 어떻게 만들고 이어 나갈 것인가? 3장은 마을을 평화의 구조로 세우는 문제로 이어진다.

3. 마을: 생명평화의 터전

현대의 외로움과 단절 문제는 관계의 상실에서 비롯된다. 가부장제를 넘어서고 일상에서 평화를 일구는 실천은 결국 어디에서 이루어지는가? 그것은 구체적인 삶터인 마을에서 펼쳐진다. 마을은 단순한 주거지가 아니라 하늘과 땅, 사람이 어우러져 생명이 순환하고 관계가 회복되는 평화의 토대이다. 국가 중심의 제도적 장치로 펼쳐지는 평화가 아닌, 일상의 삶터에서 시작되는 평화가 진정한 대안이 된다.

❶ 단절된 존재, 잊혀진 관계

인간은 홀로 살 수 있는 존재라고 생각하기 쉽지만, 본디 태초부터 관계 속에서만 살아왔다. 하늘과 땅, 그리고 그 사이에 깃든 무수한 생명들과의 어울림 속에서 생명을 유지해 왔고, 그러한 존재임을 깨닫는 것이 바로 생명평화의 출발점이다.

그러나 오늘날 우리가 발 딛고 있는 문명은 이러한 감각을 무디게 한다. 지난 수십 년간 기술은 자본의 속도에 맞추어 비약적으로 발전했고, 우리의 삶에 편리함을 가져왔지만 절용(節用)의 감각을 잃게 하고 과도한 소비와 서로 간의 단절을 초래했다.

대표적으로 페이스북 같은 소셜미디어는 '전 세계를 연결한다'는 구호를 내세웠지만, 사람들을 점점 더 개인화된 세계에 가두는 결과를 낳았다. 각자의 관심사에 맞춰 제공되는 콘텐츠는 새로운 시각을 열어 주기보다 '내 취향의 울타리' 안에 머물게 했고, 스마트폰 보급과 맞물려 사람들은 손바닥만 한 기기를 통해 세상을 만나는 데 익숙해졌다.

전 세계가 2020년부터 3년여 동안 함께 겪은 돌림병은 사람과 사람 사이의 연결이 얼마나 중요한지를 다시금 일깨워 주었다. 어느 날 갑자기 들이닥친 거리두기와 사회적 고립 속에서 외로움은 더욱 선명하게 드러났다. 그러나 이 단절을 돌림병 때문이라고만 보기는 어렵다. 인간의 개체화와 단절은 이미 오랜 시간에 걸쳐 누적되어 온 현대 문명의 일상이었다.

이제 고립과 소외는 더 이상 개인의 문제가 아니다. 세계보건기구(WHO)는 2025년 보고서[6]에서 전 세계 인구 여섯 명 중 한 명이 '외로움(loneliness)'으로 인해 건강과 삶의 질이 위협받고 있고, 매년 약 87만 명이 외로움으로 인해 생명을 잃고 있다고 밝혔다. 영국은 2018년 외로움 문제 해결을 위한 국가 전략을 수립하고 전담 장관을 임명했으며, 이후 매년 '외로움 문제 대응 보고서'를 발간하며 정책을 지속해 오고 있다. 미

---

6 세계보건기구(WHO), 〈외로움에서 사회적 연결로 : 더 건강한 사회로 가는 길〉(2025. 6. 30.)

국 역시 보건 당국이 외로움을 '사회적 전염병'으로 규정한 바 있다.

외로움은 단지 관계 부족에서 오는 것이 아니다. 이는 '하늘을 잊고, 땅을 잃어버린' 존재 방식에서 비롯된다. 사람은 처음부터 관계적 존재이다. 생명은 잉태될 때부터 어머니와의 긴밀한 연결 속에서 시작된다. 자라는 동안 엄마, 아빠, 이모, 삼촌 등 주변의 돌봄 속에서 그 생명은 힘을 얻고 성장한다. 우리가 매일 먹는 밥도 다른 생명과의 관계 없이는 존재할 수 없다. 해, 물, 바람, 흙, 벌레와 땀 흘려 일하는 모든 사람의 손길이 어우러져 하나의 밥상이 되고, 그 밥은 내 몸이 되어 간다. 나는 곧 땅이고, 다른 생명이고, 하늘이다. 사람은 더불어 살아가는 온생명이다.

❷ 마을이라는 생명평화의 터전

현대 사회가 경험하는 외로움과 소외에 대해 국가 단위에서는 사회적 프로그램으로 반응하고 있지만, 이것들은 방편적인 도움을 줄 수 있을지라도 근본적인 문제를 해결하지는 못한다. 외로움은 단지 주변에 사람이 부족해서가 아니라, 관계망 자체가 무너졌기 때문이다. 부모로부터 태어난 인간이 원래 관계의 장에서 다른 존재와 연결되어 자라고 생명성을 지켜 왔음을 기억해야 한다. 전통적으로 이러한 생명의 공간이 마을이다.

마을은 하늘과 땅, 바람과 물, 그리고 사람과 사람 사이의 관계가 어우러지는 생명살림의 장이다. 단순한 주거지 이상의 의미를 갖는 마을은 자연 속 한 생명인 사람이 사회문화 주체로 전환되는 삶의 토대이며, 생명을 키우고(육아), 돌보고(복지), 가르치는(교육) 기본 관계망이다.[7]

---

7 철호, 〈밝은누리를 일구며〉

마을의 본질은 삶의 생활양식에 있다. 두레와 울력, 품앗이와 같은 전통은 제도적 획일성을 줄이고 자치와 자족의 삶을 가능하게 해주는 마을 고유의 생활양식이다.[8] 아이를 함께 키우고, 돌봄과 노동이 엮이며, 교육과 살림이 이어지는 공간이다. 이러한 마을은 인간 삶의 가장 기본적이고도 유기적인 단위이면서 제도적 획일성과 법적 규정성이 최소화되어 작동하는 더불어 사는 생명살림의 기본 관계망이다.[9]

이러한 유기적 생활양식이 가능한 이유는 마을이 생명의 본질적 특성을 그대로 담아내는 공간이기 때문이다. 근대 국가와 자본이 추구하는 표준화되고 계량화된 시스템과 달리, 마을은 각기 다른 생명들의 고유성을 존중하며 함께 살아가는 지혜를 체화한다.

생명은 다질성과 역동성을 본질로 한다. 제도적 획일성은 이러한 생명의 실제 필요를 담지 못한다. 제도적 틀은 방편적 차원에서만 의미를 가질 뿐, 그 자체가 가치는 아니다. 제도적 틀이 생명을 억지로 다스리려 할 때 언제나 생명을 소외시키거나 생명력을 제약하게 된다.[10]

생명의 다질성과 역동성은 바로 일상의 삶이 이루어지는 마을에서 온전히 펼쳐진다. 마을의 필요성과 가능성은 사람이 기본적으로 먹고, 입고, 자고, 즐기는 생활양식의 문제에서 분명하게 드러난다. 결혼, 임신, 출산, 육아교육 같은 생명살림의 사건들은 자본과 생체 권력이 작동하는 지점이기도 하면서, 동시에 생명을 가장 민감하게 경험할 수 있는 자

---

[8] "협동조합이나 사회적 기업, 마을사업 등이 얼마나 많은지가 중요한 것이 아니다. 제도화되지 않은 일상의 더불어 사는 생활문화(두레, 울력, 품앗이)가 어떻게 작동하고 얼마나 활성화되어 있는지가 중요하다." _철호,《살림학 얼과 길》(밝은봄, 2024), 84쪽

[9] 철호, 〈밝은누리를 일구며〉

[10] 철호,《살림학 얼과 길》(밝은봄, 2024), 85쪽

리이기도 하다. 바로 이 지점에서 마을은 생명의 존속과 재생산을 가능하게 하는 살림의 터전이 된다.[11]

마을이 살아 있으면 백성의 주체역량과 자율성이 마을살이를 통해 생성되고 보존된다. 다양한 생명살림이 어우러지며, 자치·자족·자립하는 삶을 가능하게 하는 토대가 된다. 반대로 마을이 깨지고 마을살이가 사라지면 삶과 문화는 국가와 자본에 의해 획일화되고 상품화될 뿐이다.[12]

평화를 제도나 선언으로 만들 수는 없다. 평화는 구체적인 삶터에서, 서로를 비추고 돌보는 관계 속에서, 생명을 살리는 일상의 기술로 자라난다. 그렇기에 마을은 단순히 사는 공간을 넘어 평화 일구는 터전이 된다.

❸ 역사 속 마을: 저항과 대안의 공간

역사 속에서도 마을은 제국의 질서에 저항하며 새로운 삶의 질서를 실험해 온 장이었다. 일제강점기, 여러 독립운동가들이 만든 마을 공동체들은 단순한 피난처가 아니라 새로운 문명의 실험장이었다. 김약연은 나라가 빼앗기자 간도에 명동촌을 세우고 농사와 교육을 통해 독립의 기반을 마련했다. 이승훈은 평안북도 용동에 기독 신앙과 민족 교육을 결합한 자립 공동체를 세웠다. 김용기는 경기도에 가나안농군학교를 세우고 농촌 계몽과 생활 개선을 통한 민족 부흥 운동을 펼치기도 했다.

이들은 모두 농촌을 기반으로 한 생명 공동체였다. 농사와 교육을 통해 민족의 얼을 지켰고, 강제와 폭력의 체제에 맞서 삶의 질서를 새롭게 세워 나갔다. 마을이 자립하고, 마을과 마을이 연결될 때, 거대한 제

---

11 철호, 〈밝은누리를 일구며〉

12 철호, 《살림학 얼과 길》(밝은봄, 2024), 84쪽

국의 뿌리는 약화된다. 간디 역시 '평화 헌법'에서 마을 자치와 연대가 폭력 없는 사회를 가능하게 한다고 구상했다. 마을 기반 연대는 위로부터의 강제력이 아니라 자발적 주체성에 의해 평화를 만들어 간다. 이는 국가 중심의 위계적 질서와 효율 중심의 삶을 넘어, 서로를 살리는 삶이 가능하다는 살아 있는 증거가 된다.

❹ 밝은누리의 마을살이

명동촌이 북간도에서, 오산학교가 정주에서 마을 공동체를 일구었듯이, 오늘날 밝은누리는 다양한 터에 뿌리내려 마을공동체를 일구고 다른 마을들과도 연대하고 있다. 역사 속 선배들이 일제강점이라는 어둠 속에서 마을을 통해 민족의 얼을 지켰듯이, 자본과 효율이 지배하는 현대 문명 속에서 마을을 통해 생명평화의 씨앗을 뿌린다. 마을에서는 하늘땅살이, 공동육아와 대안교육, 돌봄과 생명살림 훈련 등이 주요한 삶의 축을 이룬다.

아이와 어른 할 것 없이 모든 구성원은 두레에 속해 깊은 관계를 맺어 간다. 묵자가 "물이나 거울이 아니라 사람에게 자기를 비춘다"고 했듯이, 두레는 서로를 비추는 거울이 된다. 두레 모임에서는 일주일 동안의 삶을 나누고, 각자가 직면한 어려움을 함께 풀어 간다. 육아의 어려움, 부부 사이의 갈등, 일터에서의 고민, 몸과 마음의 아픔, 이 모든 것이 두레 안에서 나누어진다.

마을밥상에서는 '날마다 열리는 성찬'의 마음으로 한솥밥을 먹는다. 밥상을 차려 준 마을 이모삼촌들과 밥상에 올라온 온생명에게 고마운 마음을 지니고 남김 없도록 먹는 습관을 들인다. 아이들부터 각자가 먹은 그릇을 직접 씻고 뒷정리한다. 동학의 해월이 말한 "밥이 곧 하늘이다(이천식천以天食天)"라는 가르침이 밥상머리에서 몸으로 익혀진다. 피곤한 하루를 마무리하고 퇴근하는 직장인들에게 밥상은 단지 배를 채우는 자리가 아니라, 그날 있었던 일을 나누고 아이들의 성장을 함께 기뻐하면서 생기를 되찾는 곳이기도 하다.

마을학교에서는 일상에서 만나는 이모삼촌이 교사가 되어, 교사로서뿐 아니라 한몸살이 이모삼촌으로서 아이들을 함께 키운다. '저 아이는 누구네 집 아이'가 아니라 '우리 마을 아이'다. 아이가 텃밭에서 벌레를 발견하면, 지나가던 어른이 함께 쪼그려 앉아 그 벌레의 이름과 습성을 이야기해 준다. 이러한 공동육아는 부모의 부담을 줄여 주는 면도 있지만, 아이들이 어릴 때부터 삶의 기본기나 필요한 배움을 한몸 이룬 이모삼촌들로부터 얻는다는 측면도 있다.

마을 살림장터 문화를 토대로, 사기 전에 안 쓰는 물건이 있는지 묻고 불필요한 짐은 다음 필요한 손길로 건네는 습관을 들인다. 아이들도 무엇인가를 사달라고 하기 전에 "마을장터에서 구해 줘"라고 말한다. 계절이 바뀌면 옷나눔 잔치가 열리고, 결혼·돌잔치·큰오름식(졸업식) 같은 생애 주기는 마을 안에서 스스로 꾸려 축하한다. 잔치는 마을의 필요나 당사자의 성향에 따라 열 명 남짓의 작은 규모로 꾸려지기도 하고 200~300명이 참여하는 큰 잔치가 되기도 한다. 모든 과정은 구성원들의 손길과 역량으로 마련된다. 이렇게 평화는 제도나 문구 이전에 살림의 기술로 자라난다.

밝은누리의 생활은 자본의 속도에 휩쓸리지 않도록 생명의 속도에 맞춰 일상의 흐름을 배치한다. 상대방 안에 하늘을 모시고 있다는 '시천주'의 실천이 모든 관계 맺음과 갈등 상황에서 문제 해결의 바탕이 된다. 갈등의 상황을 피하지 않는다. 오히려 갈등을 통해 서로 성숙할 수 있는 계기를 만들어 가는 훈련을 하며 사건을 통해 수면 위에 떠오르는 나의 진짜 모습을 마주한다. 이 과정에서 중요한 것은, 눈을 밖으로 향하지 않고 안으로 향하는 것이다. 즉, 각자가 자기의 모습을 직면하는 데에만 집중한다. 상황이 아무것도 변하지 않더라도 내 마음의 눈이 변하면 관계 변화의 계기가 생긴다. 이렇게 갈등이라는 문제에 집중하기보다는 갈등 사건을 통해서 각자의 성숙을 이루어 가는 데 초점을 둔다. 구성원의 일상에서 중요한 사건이나 일상의 필요를 풀어 나가는 데 있어 화폐 이전에 맺고 있는 관계를 떠올리면서, 일상의 작은 일들이 모여 평화를 일구는 생활양식이 쌓인다.

밝은누리는 생활양식의 전환을 넘어 도시와 농촌이 긴밀히 협력하며 평화를 실천하는 생태적 네트워크를 만들어 가고 있다. 서울 인수마을의 구성원들은 주말마다 홍천 생명평화마을을 찾아 울력을 함께하고, 밥상과 똥오줌의 순환을 직접 체험하며 농의 리듬을 배워 간다. 도시 마을에서도 텃밭을 가꾸며 마을 배움터 아이들 역시 하늘땅살이를 몸으로 익혀 간다. 이러한 생태적 네트워크는 농촌과 도시, 사람과 자연이 다시 이어지는 생명살림의 그물망이다. 이 네트워크는 소비 중심 사회가 낳은 단절을 치유하고, 관계의 복원을 통해 새로운 문명의 생태계를 만들어 간다.

평화는 마을이라는 삶의 구조 속에서 서로를 비추고 돌보는 감각과 기술을 회복하는 과정에서 자란다. 이 생명살림의 장은 국가 중심의 위계적 질서와 효율 중심의 삶을 넘어, 서로를 살리는 삶이 가능하다는 살아 있는 증거가 된다.

4. 농도상생 마을공동체[13]: 분단을 넘어서는 토대

농촌과 도시의 분리는 한반도 분단의 축소판이다. 도시가 농촌을 착취하는 구조는 강대국이 약소국을 지배하는 구조와 닮았으며, 남북이 단절된 현실과도 맞닿아 있다. 농도상생 마을공동체는 이 구조적 단절을 치유하고 생명순환을 회복함으로써 한반도 평화의 물질적·정신적 토대를 만든다.

❶ 도시 중심 문명의 구조적 모순

서울 도심에서 모인 청년들의 모임으로 시작한 밝은누리는 보다 생태적인 삶터를 찾아 북한산 자락 아래 마을을 꾸려 나가기 시작했다. 현관문을 열고 몇 분이면 숲을 만날 수 있었고, 도시치고는 자연을 가까이 두고 살 수 있었다. 그러나 소비 중심의 문화 속에서 생명평화를 실천하기에는 본질적인 한계가 있었다. 밥상에 오르는 먹을거리가 어디서 오는지, 똥과 오줌이 어디로 가는지 알 수 없는 구조에서 생명순환을 온전히 경험하기는 어려웠다.

도시의 풍요와 편리함은 종종 농촌의 희생 위에 세워진 것이다. 근대화 과정을 거치면서 농촌은 도시를 먹여 살리지만, 그 관계는 상호 의존이 아니라 도시 소비자 중심의 위계로 고착되었다. 농산물 가격은 억제되고 공산품 가격은 상승했다. 젊은이들은 도시 중심으로 개발을 펼치는

---

13 "농촌과 도시의 연대는 경제적 유통을 위한 연대를 넘어 삶의 통전성으로 확대되고, 그 관계의 성격도 소비자와 생산자 간의 연대를 넘어 부모 자식 간의 연대로 깊어지는 것이 필요하다. 그렇지 않으면 도시 소비자의 취향에 따라 농촌 생산이 결정되고, 도시 소비자가 농촌 생산자를 관리 감독하며 유통 자본화되는 한계를 넘어서기 어렵기 때문이다." _철호, 《살림학 얼과 길》(밝은봄, 2024), 80쪽

국가 정책에 따라 도시로 떠났고, 농촌은 '낙후된' 곳으로 인식되었다.

인간 삶의 가장 근본인 '농(農)'의 가치 회복이 절실했다. 생명을 살리고 돌보는 모든 일의 바탕에는 농이 있기 때문이다. 노자는 사람의 삶이 조화를 이루려면 땅과 하늘, 자연의 질서와 다시 연결되어야 함을 말했다. 농촌과 도시의 상생은 그 단절을 잇는 회복의 길이며, 생명 흐름을 거스르지 않는 삶으로의 전환이다.

❷ 밝은누리의 농도상생 마을공동체 실천

이러한 자각으로 밝은누리는 홍천에 농촌마을을 개척하며 도시의 삶을 농촌과 이어 내기 시작했다. 일부 구성원들이 농촌으로 이주한 이후 도시에 남아 있던 이들은 마을 개척에 필요한 다양한 울력, 계절학교 교사 활동, 공부 모임 등의 계기로 꾸준히 농촌을 오가며 농촌마을 개척에 동참했다.

단기간이라도 꾸준히 오가는 농촌에서의 생활 경험은 인위적이지 않고 있는 그대로의 자연스러운 삶의 어울림을 드러내 주었고, 이는 도시 중심의 생활에 익숙한 이들에게 새로운 생명 감각을 환기시켰다. 이러한 과정에서 농촌은 낙후된 공간이라는 인식이 아니라, 인간 삶의 토대를 이루는 농의 본질이 다시 확인되는 자리로 인식되었다.

농촌에서는 땅과 함께 숨 쉬며 생명을 살리는 하늘땅살이가 이어지고, 도시에 머무는 이들은 그 연결 속에서 안식과 치유를 경험했다. 주말마다 도시에서 벗어나 농촌을 찾아 울력을 함께하고, 밥상과 똥오줌의 순환을 직접 체험하며 농의 리듬을 배워 갔다. 이런 흐름에서 도시 마을에서도 텃밭을 가꾸는 손길이 늘어났다. 그렇게 농도상생 마을공동체가 현실 속에서 구체화되기 시작했다.

❸ 한반도 평화에서 농도상생 마을공동체의 의미

한반도에서 농촌과 도시가 상생하는 실천은 단순한 생태적 삶을 넘어선다. 농도상생 마을공동체가 한반도 평화를 실현하는 중요한 기반이 되기 때문이다.

첫째, 농도상생 마을공동체는 생명 중심의 삶을 회복한다. 한반도 평화는 우리가 어떻게 살아갈 것인가라는 질문에서 출발한다. 무엇을 먹고, 어떻게 일하며, 어떤 관계를 맺고, 서로를 어떻게 살릴 것인가에 대한 성찰이 곧 이 땅의 평화를 가꾸는 일이 된다. 흙을 만지고 밥을 짓고 서로 살리는 관계를 이어 가는 삶이 곧 평화의 실천이다. 농촌에서는 생명을 돌보며 살아가고, 도시는 그 생명과 연결되어 치유되고 영감을 얻는다. 땅과 다시 연결되는 삶, 생명을 되살리는 살림의 흐름이 사람과 사람 사이의 평화를 회복하게 한다.

둘째, 농도상생 마을공동체는 자립의 물질적 토대를 만든다. 현대인은 예전 세대에 비해 직접 기르거나 만든 음식보다 자본 유통망을 거쳐 온 음식을 먹는 비중이 현저히 높아졌다. 내 몸에 무엇을 들이고 있는지, 그 음식이 어디서 어떻게 왔는지에 대한 이해와 감각이 단절되는 결과를 낳았다. 농도상생 마을공동체는 이러한 단절을 치유하는 물꼬를 튼다. 농생활을 기반으로 밭에서 생명을 키우고, 그 열매를 밥상에 올리며, 밥상의 부산물과 똥오줌이 거름이 되어 다시 밭으로 돌아가는 순환을 몸으로 익힌다. 식량 자급에 가까이 다가가는 것을 넘어 생명을 살리는 감각과 삶에 대한 주체성을 회복하는 훈련이다.

셋째, 농도상생 마을공동체는 또 다른 단절, 남북의 단절을 넘어서는 훈련이 된다. 남북의 단절은 정치적 분단만이 아니라 삶의 방식, 가치관, 언어의 단절이기도 하다. 농도상생 마을공동체는 도시와 농촌이라는 '작은 분단'을 극복하는 과정을 통해, 남북이라는 '큰 분단'을 넘어서는 방법을 배운다. 서로 다른 삶의 방식을 이해하고 존중하며 상생하는 경험은 통일 과정과 그 이후에 필요한 중요한 역량이 된다.

그렇게 농도상생 마을공동체는 한반도 평화를 위한 깊고 넓은 토대가 되어 간다.

5. 비무장 영세중립, 평화를 일구는 삶의 방식

❶ 해원과 치유: 기억을 걷는 순례, 생명평화를 노래하다

2017년, 한반도가 극도의 전쟁 위기에 직면했던 시기, 밝은누리는 '생명평화 고운울림 순례'를 시작했다. 1,000일 동안 이어진 이 순례는 기억을 걷고, 원통함을 풀며, 생명평화를 노래하는 여정이었다. 이 땅 곳곳의 아픔이 서린 장소들을 직접 찾아가 상처를 보듬는 노래를 불렀다.

순례자들은 민중들의 애환이 서려 있는 산과 강, 그리고 역사적 아픔이 집약된 공간들에서 모였다. 안산 세월호 합동분향소, 제주 4·3 평화공원, 광주 5·18 국립묘지, 부산 UN기념공원, 이천 민주화운동기념공원, 천안 독립기념관, 홍천 동학혁명공원, 그리고 중국과 러시아의 항일 독립운동 유적지, 일본의 조선학교와 강제징용 피해 현장, 그리고 한국군에 의해 희생된 베트남 민간인 피해 지역까지 순례가 이어졌다. 각 장소에서 순례자들은 아픔을 기억하고, 사과하고, 치유와 상생의 노래를 함께 부르며 생명평화를 염원했다.

묵자는 비공(非攻) 편에서 전쟁을 부당하게 여겼다. 다른 나라를 공격하는 것은 백성을 해치며, 하늘뜻에 어긋난다고 했다. 그는 제자들과 함께 성을 지키며 침략을 막는 반전운동을 실천했다. 겸애사상은 국경을 기준으로 차별하고 억압하는 것이 정당화되는 질서에 맞서는 평화관이다.

분단과 전쟁은 이 땅에 수많은 증오와 적대감을 남겼다. 그러나 그 상처는 단순히 잘잘못을 가리거나 논리로 해명할 수 있는 게 아니다. 20세기 중반, 세계 제국주의 세력의 대립 속에서 벌어진 한반도 비극은 개인의 고통을 가해자와 피해자라는 이분법으로 나누기 어려운 복합적인 상황을 낳았다. 예컨대, 제주 4·3 민간인 토벌작전에 참여한 서북청년회 단원은 학살의 가해자이기도 했지만, 공산당에게 가족을 잃은 원통함을 지닌 피해자이기도 했다. 따라서 역사의 진실을 마주하고 평가하는 과정 이전에, 먼저 각 생명이 겪은 고통과 원통함을 풀어내는 '해원'의 시간이 필요하다.

밝은누리의 순례는 해원을 향한 걸음이었다. 고통의 뿌리를 더듬어 아픔의 자리에 서는 가운데, 순례자들 스스로도 오랜 시간 가슴에 묻어두었던 가족 간의 상처, 삶 속의 갈등을 마주하게 되었고, 그 안에서 화해와 치유가 이루어지기도 했다. 순례 동안 열린 두레모임에서는 각자가 살아오며 품어 온 고통, 해원을 향한 여정을 나누는 깊은 대화가 이어졌다. 그렇게 역사 속 상처와 개인의 고통이 맞닿고, 일상의 평화와 거시적인 평화가 서로 연결되어 있음을 함께 발견해 나갔다. 그 순간순간이, 평화를 삶의 언어로 바꾸는 시간이었다. 순례는 역사와 일상이 맞닿으며 국가가 주도하지 않는 새로운 평화의 정치이자, 민이 주체가 되어 만들어 가는 동북아 생명평화의 길이었다.

❷ 반전, 반핵, 군축, 한반도 영구평화지대

밝은누리는 '생명평화 고운울림 순례'를 넘어, '한반도 영구평화지대'라는 꿈을 품고 있다.[14] 오늘날 사회에서 군사력과 안보를 중심으로 하는 사고가 너무나 당연한 통념처럼 받아들여지고 있다. 국가는 군사적 억지[15]를 통해 자신을 지키고자 하고, 더 강한 힘을 갖기 위해 끊임없이 경쟁한다. 그러나 이러한 경쟁의 이면에는 수많은 생명이 희생되어 왔고, 폭력으로 평화를 지키겠다는 이들이 늘 평화를 파괴해 왔으며, 지금도 파괴하고 있다.

조선(북한)은 핵을 보유해야 평화를 보장받을 수 있다고 주장하고, 미국은 더 강력한 무력으로 조선을 억제하려 한다. 겉으로는 서로를 견제하는 모습이지만, 두 입장은 모두 동일하게 무력에 기반한 세계관을 전제로 한다. 이러한 무력 중심의 논리는 핵무기 확산도, 대량살상무기 개발도 막지 못한다. 오히려 군사적 억지의 악순환만 강화되고, 평화는 그 속에서 멀어진다.

밝은누리는 통일된 한반도가 핵과 대량살상무기를 줄이고, 비무장지대를 확장해 나가는 '한반도 영구평화지대'로 거듭나길 바라고 있다. 이는 단순히 핵을 포기하자는 이야기가 아니라, 인류가 오랫동안 익숙하게 받아들여 온 '무력에 기반한 평화'라는 전제를 넘어서는 상상이다. 반전,

---

14 철호, 〈한반도 영구평화지대 중립화 통일과 생명평화를 위한 1,000일 순례—반전, 반핵, 대량살상무기 폐기, 생태, 생명평화〉, 제네바 한마당잔치 발표문(2020. 1. 30.)

15 군사적 억지(deterrence): 강력한 무력으로 상대의 공격 의지를 사전에 차단한다는 안보 전략. 그러나 이는 끝없는 군비경쟁을 초래한다.

반핵, 군축의 흐름 속에서 평화를 지향하는 삶을 살고, 그것이 이 땅의 구조를 바꾸는 실천으로 이어지길 추구하는 것이다. 평화를 만들고 지키는 유일한 길은 평화 그 자체이다.

해월 최시형 역시 전쟁의 승패가 단지 병기의 힘에 달린 것이 아님을 강조했다. 그는 "병전을 능가하는 것은 책전이니, 계책이 지극히 큰 것이니라"고 하며, 서양의 무기가 아무리 강력하다 하더라도 그것은 사람을 죽이는 기계에 불과하다고 보았다. 반대로 "무기는 사람 죽이는 기계이고, 도덕은 사람 살리는 기틀"이라 하여, 시대가 혼란할수록 무력이 아닌 수도와 덕을 지극히 가꾸는 것이 마땅하다고 가르쳤다(《해월신사법설》오도지운). 이 가르침은 무력을 경계하고 평화를 지향하는 삶이야말로 진정한 힘임을 일깨운다. 밝은누리가 꿈꾸는 '한반도 영구평화지대'는 바로 이러한 삶의 힘에 뿌리를 둔다.

❸ 평화를 위한 상상, 비무장 영세중립

한반도의 분단체제는 단지 남과 북의 문제에 그치지 않는다. 주변 강대국들의 정치적 이해관계가 얽힌 복합적인 현실 속에서, '자주·평화'의 통일 원칙을 어떻게 실현할 것인가는 매우 중요한 과제다. 이 가운데 밝은누리는 '비무장 영세중립'이라는 평화의 상상을 제안한다.

영세중립은 한 국가가 영구적으로 전쟁과 군사 동맹에 관여하지 않겠다고 선언하고, 그 중립을 다른 나라들이 국제적으로 인정하고 보장하는 상태를 뜻한다. 여기에 비무장이 결합되면, 군사력 자체를 축소하거나 내려놓고 무력에 의존하지 않는 평화의 길을 걷겠다는 실천적 다짐이 된다. 이는 단순히 국방을 포기한다는 뜻이 아니라, 생명과 살림, 상생의 감각으로 평화를 적극적으로 만들어 가는 전략이다.

스위스나 오스트리아처럼 기존의 '무장 영세중립국'은 중립을 선언하면서도 강력한 군사력을 유지하고 있다. 이러한 방식은 중립을 보장받기 위한 힘의 논리를 전제로 하며, 실질적으로는 군사 중심 질서에 머물게 된다.

그러나 비무장 영세중립의 실제 사례를 보여 주는 나라로 코스타리카가 있다. 코스타리카는 300년 넘게 식민 지배를 받았고, 독립 이후에도 수차례 내전을 겪었다. 그런데 내전에서 승리한 집권 세력이 군대를 해산하겠다고 선언했고, 의회가 이를 인준했다.[16] 나라를 다시 세우고 진정한 독립을 이루기 위해서는 국방비가 아니라 사람을 키우는 교육과 복지에 투자해야 한다는 판단이었다. 주변 국가에서 내전이 잦았고, 미국의 이해관계와 충돌하는 일도 있었지만, 코스타리카는 군사력이 아니라 비무장의 도덕적 힘을 바탕으로 영세중립을 천명했다. 그 결과, 코스타리카는 중남미 분쟁 속에서 도덕적 권위를 지니며 평화 중재에 중요한 역할을 했다. 1987년에는 오스카르 아리아스 대통령이 중미 평화협정을 주도한 공로로 노벨평화상을 받기도 했다.[17] 코스타리카의 사례는 강력한 군사력이 있어야 평화를 지킬 수 있다는 기존의 안보 논리를 넘어, 전혀 다른 형태의 안보가 가능함을 증명한다.

한국에서도 2024년 12월 비무장 평화의 힘을 확인할 수 있는 중요한 사건이 일어났다. 12월 3일 밤, 윤석열이 계엄령을 선포하는 초유의 사태

---

16 1948년 12월 1일, 호세 피게레스 페레르 대통령은 산호세 벨라비스타 요새에서 군대 해산을 선포했으며, 이후 코스타리카 헌법에 '상비군 금지'가 명시되었다.

17 오스카르 아리아스 산체스(Óscar Arias Sánchez) 코스타리카 대통령은 1987년 중미 평화협정(Esquipulas II Peace Agreement)을 주도한 공로로 노벨평화상을 수상했다.

가 발생했다. 그러나 시민들과 국회의원들이 비폭력적 저항으로 즉각 대응했다. 국회 앞에 모인 시민들은 무기를 들지 않고 평화적으로 항의했고, 국회의원들은 계엄군의 저지에도 불구하고 국회에 진입하여 계엄령 해제 결의안을 통과시켰다. 6시간 만에 계엄령이 해제되고, 이후 탄핵 절차를 통해 평화적인 정권 교체 과정이 진행되었다. 이 과정에서 어떠한 유혈사태도 발생하지 않았으며, 무력이 아닌 시민의 의지와 제도적 절차를 통해 민주주의와 평화가 지켜졌다. 이는 무력에 의존하지 않고도 위기 상황에서 평화를 지킬 수 있음을 보여 주는 현대적 사례이다.

이러한 사례들은 강력한 군사력이 있어야 평화를 지킬 수 있다는 기존 안보논리와는 다른 형태의 새로운 안보가 가능함을 보여 준다. 비무장 영세중립은 바로 이러한 가능성을 실현하는 방식으로, 국제적 신뢰와 공동체적 평화 지향성을 기반으로 힘이 아니라 관계로 평화를 이루려는 방식이다.

한반도 현실을 고려할 때, 중립이 가능하냐는 회의도 존재한다. 그러나 오히려 여러 강대국의 이해관계가 충돌하는 이 땅에서는 어느 한 편에도 치우치지 않고 중립을 지키는 자체가 평화를 위한 가장 현실적인 길이 될 수 있다. 통일 이후의 한반도가 중국이나 미국, 일본, 러시아 중 누구의 편도 들지 않고 평화적으로 공존할 수 있는 지혜는, 바로 이러한 중립화된 상태에서 시작될 수 있다.[18]

'영세중립'이라는 개념이 한국 사회에 낯설게 느껴질 수 있지만, 조선 말기 고종은 이미 영세중립국 선언을 시도한 바 있다.[19] 임오군란(1882)

18　철호, '대한 조선 영세중립 생명평화의 땅을 향한 기도와 삶', 희년함께 기획 인터뷰 (2018. 5. 4.).

부터 러일전쟁(1904)에 이르기까지 러시아, 일본, 미국 등 강대국의 세력 균형 속에서 고종은 조선의 자주성을 지키기 위한 방안으로 영세중립 외교를 시도했다. 1904년에는 미국, 독일, 일본, 러시아 등에 조선의 영세중립을 선언하며 외국 군대의 철수를 요구하기도 했다. 비록 당대의 외교 역학 속에서 실현되지 못했지만, 외세의 틈바구니 속에서 조선이 주체적으로 중립을 선언했던 것은 의미 있는 사건이었다.

밝은누리가 제안하는 비무장 영세중립은 외교 정책의 하나로서가 아니라, 살아가는 방식으로서의 평화, 서로를 살리는 구조로서의 중립을 말한다. 일상에서 평화를 실천하고, 생명을 중심에 둔 관계망을 회복하며, 그 자체로 새로운 평화의 질서를 만들어 가는 과정이다.

❹ 삶에서 묻고 실천하다

밝은누리에서는 '비무장 영세중립'에 대한 비전을 단지 외교 담론이 아닌 삶의 문제로 받아들인다. 2024년 살림학연구소 첫돌잔치의 한 순서로 '한반도 영구평화지대 중립화 운동' 모셔배움 자리를 마련했다. 스위스식 무장중립이 강조되는 발표 후에 한 중학생은 이렇게 물었다. "전쟁은 평화롭지 않은 상태이고, 강력한 군사는 평화롭지 않은 상태를 대비한 수단인데, 평화를 지향한다는 중립이 왜 군사력을 강조하는 걸까요?"

이 물음은 평화를 말하면서도 무장을 전제로 하는 사고방식을 근본에서부터 흔들었다. 평화란 무엇인가? 단순히 생존을 넘어, 생명을 살리

---

19 1904년 1월 21일, 고종은 중국 산둥반도 즈푸(芝罘)에서 러일전쟁 발발 직전 대한제국의 국외중립을 세계 각국에 프랑스어로 동시 타전했다. 일본의 방해로 실효를 거두지 못했다. _한국민족문화대백과사전, '대한제국' 항목 참조

는 삶이 평화라면, 무장이 아닌 비무장이야말로 그 길에 맞닿아 있다.

비무장 영세중립이라는 개념을 일상으로 가져오는 것은 매우 중요하다. 많은 이들이 이 운동을 나와 상관없는 일로 여기지만, 세계평화는 거대 담론이 아니라 각자의 삶과 구체적으로 연결되어 이루어진다. 밝은누리는 일상에서 세계평화에 대한 물음을 품고, 그것이 자신의 삶과 어떻게 맞닿아 있는지를 나누어 왔다. 평화에 대한 물음이 일상과 분리되지 않고 삶 속에서 실천될 때, 비무장 영세중립은 현실이 된다.

이러한 맥락에서 밝은누리 구성원들은 앞서 언급된 첫돌잔치의 '한반도 영구평화지대 중립화 운동' 모셔배움 자리를 앞두고 비무장 영세중립이 '지금 여기'의 삶에서 어떻게 가능할 수 있는지를 서로 나누었다. 누군가는 생명 다양성을 돌보는 농사를 통해, 또 누군가는 가정과 일터에서의 돌봄과 조화로운 관계 맺음을 통해 삶의 자리에서 비무장 영세중립을 실천하고 있었다. 구성원들은 이 질문을 각자의 삶에서 되새기며, '비무장 영세중립'이 추상적인 정치 담론에 그치지 않고 삶의 태도이자 선택임을 확인해 왔다. 그들의 목소리를 들어 보자.

한 사람은 소농의 손길에서 비무장의 감각을 찾는다.

"밭에서 다양한 작물이 자랄 수 있도록 돌보는 일이 저에겐 비무장 영세중립입니다. 각각의 생명이 자기답게 자리를 잡고, 서로 어우러지도록 돕는 것. 생명순환 농생활이 곧 평화의 실천이지요."

또 다른 이에게 영세중립은 관계의 방식이었다.

"갈등 상황에서 먼저 타인을 배려하고, 그 입장에서 풀어 가려는 노력이 바로 저의 영세중립 실천입니다. 누군가를 미워하지 않으려는 마음, 세속적인 방식으로 대응하지 않으려는 선택, 내 안의 화나 억울함이 더 이상 세상에 전해지지 않기를 바라는 마음으로 수신하고 마음을 닦아 갑니다."

한 구성원은 이렇게 말했다.

"영세중립이란 모든 생명이 제 결대로 살아가고, 서로의 차이가 어울릴 수 있도록 존중되는 삶의 방식이에요. 평화가 평화를 부를 수 있다는 것을 보여 주는 삶이죠."

또 다른 이는 사회 구조의 이면을 들여다본다.

"한국 사회의 능력주의나 가족주의, 출세지향주의 같은 것들이 한국전쟁과 분단 트라우마에서 비롯된 것은 아닐까요? 삶 속의 영세중립 운동은 사적 권력과 가족주의에 매몰되지 않고, 인종이나 국적, 정체성에 관계 없이 누구도 차별하지 않는 세계를 만들어 가는 일이 될 수 있어요."

이렇듯 비무장 영세중립은 국가 간 조약에 그치지 않고, 다양하고 역동적인 생명이 존중되는 삶의 방식이 된다. 그것은 도시와 농촌, 가정과 일터, 공동체와 개인이 서로를 살리는 삶의 구조를 세워 가는 과정이며,

평화 문명의 실제이다.

❺ '살림'으로서의 평화

살림은 생계의 기술을 넘어, 생명을 지키고 살리는 삶의 태도다. 자신과 타자의 다름을 존중하고, 강하지 않음으로써 평화를 이루는 삶. 노자가 말한 '부쟁(不爭)'—다투지 않음으로써 평화를 이루는 길—이 바로 이것이다. 그래서 이렇게 묻는다. '각자의 살림이 한반도의 미래와 어떤 관계가 있는가?' 이 질문에 정직하게 답하려는 모든 이에게, '비무장 영세중립'은 결코 먼 나라의 꿈이 아니다. 오히려 오늘 여기, 생명을 살리는 밥상과 논밭, 관계와 돌봄의 자리에서 시작할 수 있는 가장 현실적이고 구체적인 평화의 방식이다.

누군가에게 '비무장 영세중립'은 무모하고 비현실적으로 보일지 모른다. 하지만 한 걸음씩 길을 걸어간다면, 언젠가 이 한반도에 드리운 무력과 분단, 거짓과 폭력의 구조를 넘어설 수 있을 것이다. 생명평화는 선언이나 제도가 아닌 삶의 실천에서 피어난다. 농촌과 도시, 남과 북, 사람과 자연이 서로를 살리는 관계 안에서 평화를 심는다. 그 씨앗이 자라 숲을 이루고, 그 숲이 언젠가 이 땅을 덮을 날을 상상하며 많은 길벗들이 오늘도 살림길을 걷고 있다.

6. 생명평화, 여기서 시작하기

처음 던진 질문으로 돌아가자. '평화는 정말 멀리 있는가?' 아니다. 평화는 멀리 있지 않다. 지금 이 순간, 당신이 숨 쉬는 곳에서 시작할 수 있다. 일상에서 먹고, 자고, 놀고, 일하는 모든 순간에, 이웃과의 대화에서, 텃밭의 작은 씨앗에서 평화는 이미 싹트고 있다.

한반도 평화도 마찬가지이다. 정치인들의 회담장에서만이 아니라, 우리 각자의 일상에서 평화는 만들어진다. 가부장적 사고를 성찰하고, 농의 가치를 회복하며, 무력이 아닌 살림의 힘을 기르는 것. 그것이 진정한 평화의 시작이다.

밝은누리도 그 길에 함께한다. 35년 전 몇 명의 청년으로 시작한 공동체는 이제 여러 마을로 퍼져 나갔고, 수많은 이들과 연대하며 생명평화의 그물망을 짜고 있다.

평화를 간절히 바라는 모든 이에게 묻는다. '오늘 당신의 살림은 어떤 평화를 만들고 있는가?' 그 작은 실천이 모여, 우리는 함께 한반도와 세계의 평화를 일구어 갈 수 있다. 평화는 멀리 있지 않다. 그것은 지금, 여기, 우리의 살림에서 시작된다.

생명살림과 평화 일구는
살림학연구소

　살림학연구소는 2023년 10월 3일, 강원 홍천 삼일학림에서 세움잔치를 하며 태어났습니다. 1980~90년대 한국사회 변혁운동과 살림길 평화살이를 실천하는 한몸살이(공동체) 운동의 경험과 성과를 토대로 합니다. 〈청년아카데미〉, 〈청년지도력 소통과 대안〉 등 다양한 청년교육문화운동, 〈공동체지도력훈련원(2004)〉, 〈삼일학림(2014)〉 운동의 열매가 어우러져 잉태한 연구소입니다.

　〈청년아카데미〉, 〈소통과 대안〉은 청년학생 대중교육과 실천운동입니다. 〈공동체지도력훈련원〉은 〈청년아카데미〉의 심화과정 성격이면서, 다양한 살림현장, 마을, 생태, 생협, 교육, 농생활 운동 등에서 일하는 이들이 실천현장의 문제의식과 실천전략을 성찰하고, 인문학과 동서양 경전을 함께 공부하며 '장 주체성(공동체 주체성/지도력)'을 익히고 훈련합니다. 〈삼일학림〉은 푸른이(청소년)와 젊은이, 부모 교사 세대가 함께 공부하며 서로 가르치고 배우는 살림배움터입니다.

　강원, 서울, 경기, 부산, 경남 등 이 땅 곳곳에서 마을살이하며 생명을 살리고 평화 일구는 살림꾼(연구원)들이 함께합니다. 연구소 설립과 운영에 있어 생기 없는 관행을 넘어 새롭고 대안적인 방식을 실천합니다.

첫째, 살림학연구소 연구원은 '살림꾼'이라 부릅니다.

둘째, 이론과 실천, 삶과 관념의 순환을 철저히 견지합니다. 살림에 뿌리 둔 이론과 실천의 역동적 순환을 수행하는 유기적 지식인으로서 생활학문(학문하기)을 실천합니다.

셋째, 살림꾼(연구원) 자격은 '생명살림하는 삶'에 뿌리 두고 이론적 실천을 수행하는 사람으로 합니다. 생명살림하는 삶이란 집안살림(육아, 돌봄), 논밭뫼살림(하늘땅살이), 밥상살림, 교육현장에서 생명살림(지식상품을 팔고 유통하는 지식인이 아니라 서로 살리는 삶으로 스승제자 되는 삶), 다양한 돌봄을 통한 생명살림하는 삶입니다.

넷째, 행정, 연구, 재정, 상징자본 등의 분절을 넘어섭니다. 이사(돈/상징자본), 행정, 연구(연구원) 구분 없이, 모두 살림꾼이 됩니다. 서로 배우고 가르치는 살림꾼으로서 함께 주체가 됩니다.

다섯째, 국가, 자본에서 독립해 연구원들이 정신/물질적 주체역량으로 연구소 생성 운영을 책임집니다. 연구소 운영을 위한 재정은 살림꾼들과 길벗들이 스스로 해결합니다.

여섯째, 지구 곳곳에서 생명을 살리고 평화 일구는 이들과 더불어 마을/살림생태계를 만들고 '살림길벗'으로 함께합니다.

살림길,
오늘
이곳에서

노자 묵자 동학을 잇는 삶

초판 1쇄 발행 2025년 11월 1일

지은이 ◦ 살림꾼들
글가꿈 ◦ 나경 민혁 성혜 수연 신우 철순 혁락 혜현
멋지음 ◦ 은혜(오늘멋지음)

펴낸곳 ◦ 밝은봄
주소 ◦ 서울특별시 강북구 인수봉로55길 8, 2층
누리편지 ◦ bright_bom@hanmail.net
누리집 ◦ blog.naver.com/bright_bom
등록번호 ◦ 제 2020-000022호

ISBN ◦ 979-11-971650-2-3 (03150)
정가 ◦ 16,000원

◦ 잘못된 책은 바꾸어 드립니다.
◦ 표지는 인스퍼에코내추럴 251g/m², 본문은 그린라이트 100g/m²을 사용했고,
  콩기름 잉크로 인쇄했습니다.

© 살림학연구소, 2025